MÉLANGES

HISTORIQUES

SUR

DUNKERQUE

PAR

RAYMOND DE BERTRAND.

———◦———

DUNKERQUE,
Typ. Benjamin KIEN, rue Nationale, 22.
1858.

A

MON SINCÈRE AMI

M. HIPPOLYTE BERNAERT,

NÉGOCIANT A DUNKERQUE,

HOMMAGE

D'INALTÉRABLE ET AFFECTUEUSE ESTIME.

Raymond de Bertrand.

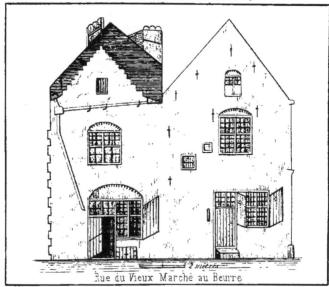

Rue du Vieux Marché au Beurre

Rue de Hollande

P. De Bertrand delineavit.   Brasseur, lith.

EXCURSION DANS LE VIEUX DUNKERQUE.

—

1858.

—

I.

Au moment où Dunkerque voit élever de tous côtés, dans ses murs, des monuments et des maisons aux splendides façades, nous sommes bien aise d'écrire les quelques observations curieuses que nous avons faites et de conserver les notes que nous avons prises dans nos pérégrinations à travers l'antique patrie de Jean Bart.

D'abord nous offrons, avec quelques mots d'explication, le dessin de deux vieilles maisons contiguës situées à l'est de la rue du Vieux Marché au Beurre, dans le « Quartier de Holland », comme on le disait au XVIᵉ et au XVIIᵉ siècle (1). Celle de droite a sa principale façade du côté du Marché au Poisson, où elle est classée sous le nᵒ 36. La seconde n'a qu'une entrée ; elle est la propriété de M. Joseph Jacquot, rentier, auquel la Société Dunkerquoise a décerné, en 1856, une médaille, comme à l'un de ses principaux donateurs ; il a vendu l'autre immeuble en Septembre 1857.

L'ensemble de ces deux maisons nous reporte aux dernières années du XVIᵉ siècle, sous le règne de Philippe II (1590 à 1598). Nous y retrouvons le style espagnol. Pignons terminant en pointe et cachant les toitures ; de petits jours pratiqués dans les murs donnant accès dans des privés, dans des corridors ou sur des escaliers ; des fenêtres à cintres

(1) P. 16 de la notice sur la topographie de Dunkerque, par M. Derode, insérée à la p. 147 du volume des Mémoires de la Société Dunkerquoise de 1855, imprimé en 1856.

maçonnés aujourd'hui ; des demi-portes d'entrée, dont l'une existe encore, une entrée de cave en saillie sur la rue, maintenant pratiquée à fleur du mur.

Ces maisons telles que nous les voyons avec leurs murailles noircies par le temps, les ancres extérieurs de soutènement, leur gouttière en bois maintenue par des crochets de fer, longeant la façade et déversant les eaux pluviales par une buse qui descend jusqu'au rez-de-chaussée, nous donnent une idée parfaite de ces sombres et incommodes demeures d'un âge reculé, où la lumière du ciel entrait si difficilement par de rares croisées à petits carreaux enchassés dans des lames de plomb, et dont les contrevents, — la moitié de ceux de notre époque, — ne garantissaient que la partie inférieure du châssis.

Pénétrons pour un instant dans l'intérieur de ces anciennes habitations plébéiennes, assez communes à Dunkerque, mais dont les façades ont généralement un cachet moderne. Qu'y voyons-nous? Des escaliers étroits et rapides, aux degrés usés et vermoulus ; d'immenses âtres de cheminées par où le vent s'engouffre et hurle en hiver ; des chambres non plafonnées, laissant, par leurs planches disjointes, de fréquents passages à la poussière qui tombe de l'étage supérieur comme à travers un tamis ; des murs et des poutres d'une solidité telle qu'ils semblent être ceux d'une citadelle ; des allées et des corridors si peu espacés, qu'une personne est obligée de s'effacer pour en laisser passer une autre ; des murailles non tapissées, des boiseries à peinture sombre ; des pièces séparées les unes des autres par des cloisons en bois ou d'une demi-brique, qui permettent d'entendre librement les conversations de ses voisins ; des fenêtres sans appui et à châssis en guillotine ; des portes très basses. A peine entré dans ces vieilles habitations où l'on ne reste tout juste que le temps nécessaire pour régler ses affaires, on est enchanté d'en sortir, heureux si, en descendant l'escalier, on n'abrége la route, faute de s'assurer de la corde dure et graisseuse que l'on trouve sous la main.

On doit en convenir: le peuple était jadis bien mal logé ; mais il ne connaissait pas mieux. Il n'en vivait pas moins assurément avec l'insouciance de la veille et du lendemain, comme le marin et l'ouvrier de nos jours, mieux abrités et plus commodément logés que dans les temps qui nous ont précédés.

Au XVIIᵉ siècle, les maisons de Dunkerque portaient en grande partie un nom de saint ou autre. Ainsi, par exemple, la maison n° 14 du Vieux Marché au Beurre était vulgairement nommée Steen-hof (1), et la maison voisine n° 6, « Teste de Morien » (2). Celle de gauche de notre plan, qui porte aujourd'hui le n° 2, dépendait comme l'autre en 1673 « de la rue d'Hollande proche le Marché de Bûre » selon un titre de propriété que nous avons eu sous les yeux (3) ; laquelle rue nous trouvons signalée une fois sous le nom de « rue Seigneuriale » (4). Il n'y avait pas alors de maisons vis-à-vis, et bien au-delà on voyait le mur bâti sur l'alignement du couvent des Récollets que l'on a démoli définitivement en Septembre 1858, à côté de l'église de Saint-Jean-Baptiste qui était la leur, sous le vocable de Sainte-Marie-Egyptienne (5).

Le 14 Juin 1701, le nom de Hollande lui était encore conservé ; mais à partir de 1703, où la constitution de la petite rue est probablement résolue, jusqu'en 1736, nous puisons dans des titres l'indication de « rue ou ruellette menante ou qui menne de l'ancien Marché au Beure, ou Boeure au Marché au Bois » ; marché qui n'est autre que le Marché au poisson de nos jours, et qu'en 1751, nous trouvons nommé Marché au Blé dans un document authentique (6).

Postérieurement, les deux dénominations de rues sont maintenues. Cependant, dès avant 1767, toute la partie de la voie publique prise du Marché au Poisson à la rue des Pierres où commence la rue de Hollande actuelle, avait reçu officiellement le nom de Vieux Marché au Beurre, nom que l'on trouve irrévocablement inscrit dans tous les almanachs Lorenzo, de Dunkerque, à dater de 1767 ; première année où l'on y inséra les noms des rues de la ville. La Place ou

(1) Cahier de charges pour adjudication devant le magistrat, du 23 Avril 1749.

(2) Adhéritances devant le magistrat, de 1671 et de 1717.

(3) Adhéritance du 13 Mai 1673.

(4) Id.   du 19 Avril 1673.

(5) Notice intitulée : Scel du gardien des Frères mineurs (Récollets de Dunkerque), par M. Carlier. Paris, 1855.

(6) Rapport d'experts joint à un contrat passé devant le notaire Jolly, le 4 Février 1751.

Marché au Blé ne perdit sa dénomination qu'à la fin de 1802 : on l'appela Marché au Poisson (1).

Le 10 Octobre 1727, le magistrat résolut, à cause du trop plein de la Place Royale, de rétablir « le débit et la vente du beurre, du lait, des œufs et du fromage, sur le Vieux Marché au Beurre proche la porte de la Citadelle, ainsi qu'il en avait été pratiqué du temps passé ». L'ordonnance en fut mise à exécution dans la huitaine (2).

Ce marché quitta cet emplacement longtemps après ; il fut transporté à la Place Dauphine, où se trouve aujourd'hui la salle de théâtre ; mais il n'y resta guère.

Le 2 Mars 1763, le magistrat en fixa l'établissement sur la place du Vieux Marché au Beurre ; mais quand les marchands y furent réunis, ils étaient tellement gênés, que l'autorité se vit obligée de rétablir le marché au beurre et aux œufs sur la place Royale (3), où il n'a cessé de se tenir, excepté à de rares Samedis, quand l'exécuteur des hautes-œuvres avait à y satisfaire la justice humaine sur quelques grands criminels.

Avec le temps les marchands de fromage s'installèrent sur le Marché au Poisson, et les laitiers portèrent leur marchandise à domicile.

Le Vieux Marché au Beurre nous rappelle encore un autre souvenir. C'est dans la maison dite Steen-hof appartenant à la ville que l'administration municipale plaçait les pompes à incendie au dernier siècle ; ce que nous apprend une ordonnance rendue par le magistrat le 24 Novembre 1741, « pour remédier aux incendies » (4).

En 1777, les choses étaient changées ; les pompes, suivant une ordonnance datée du 20 Février (5), étaient déposées dans la cour de la Bourse, hors quelques-unes qui étaient réparties en ville, comme de nos jours.

L'année 1857 a été fatale aux vieilles constructions. Elle a vu disparaître presque toutes les maisons et la belle Porte-

(1) Voir l'almanach Lorenzo, de Dunkerque, années 1802 et 1803.

(2) Recueil des ordonnances de police de la ville et territoire de Dunkerque, in-4°, p. 203.

(3) Même recueil, p. 463.

(4) Même recueil, p. 16.

(5) Même recueil, p. 314.

à-Couronne, du côté occidental de la rue de Hollande et du Marché aux Volailles. Les autres ont été démolies en 1858, en vertu d'un jugement de notre tribunal civil du 11 Juin de la même année, qui en avait prononcé l'expropriation pour cause d'utilité publique, aux fins d'élargissement du Quai des Hollandais. Parmi elles on remarquait les propriétés de la veuve Maes, nᵒˢ 33 et 35, sur lesquelles se lisait le millésime de 1629 reproduit par quatre ancres de fer. On remarquait surtout un peu plus au sud, presqu'en face de la rue Faulconnier, la maison de M. Waeterloot-Delafonteyne, nᵒ 25, qui avait conservé son cachet antique en offrant à la vue la date de 1650.

Dans le grand mouvement qui s'opère au milieu de nous, que deviendront les deux maisons de la rue du Vieux Marché au Beurre dont nous avons pris le soin de faire le dessin? Elles auront le sort commun!... Chaque jour quelque chose s'en va de ce monde et il est à présumer qu'avant vingt-cinq ans, Dunkerque n'aura presque plus rien à offrir d'antique dans ses rues, si ce n'est sa grande tour de la fin du XVᵉ siècle, et le Leughenaer bâti au siècle suivant. Il faudra alors pénétrer probablement au fond de quelque cour pour voir les derniers vestiges d'architecture du XVIIᵉ siècle.

––––––

Il y a bien peu de personnes à Dunkerque qui se souviennent qu'au mois de Mai 1851, il existait à l'orient de la rue de Hollande, sous le nᵒ 40, une (1) vieille et noire maisonnette dont l'étage, surplombant de 50 centimètres (18 pouces) au-dessus de la rue, menaçait sans cesse la vie des passants. Sa vue nous effrayait déjà en 1815, quand nous étions enfant, et nous ne passions jamais devant elle sans précipiter le pas et sans longer le côté opposé de la rue. Elle portait le numéro 10. En 1851, cette maisonnette était l'une des plus anciennes masures de la ville. Sa construction remontait au vieux Dunkerque, au Dunkerque du XVIᵉ siècle, avec son cachet espagnol du temps de Charles-Quint. Un maître cordonnier, le sieur Philippe Clémence, l'ayant acquise le 26 Avril de cette année 1851 (2), la fit abattre, et, dans le cou-

––––––

(1) L'Histoire de Dunkerque, publiée en 1852, contient, page 55, l'erreur qu'il en existait deux de ce genre en 1851. Dès avant la révolution de 1789, il n'y en avait pas d'autres.

(2) Contrat passé devant Mᵉ Emile Caboche, notaire.

rant de l'été, on vit s'élever une maison régulièrement construite à la moderne.

A l'ouverture de l'année 1761, il existait au sud et sur la même ligne de la rue, une autre petite maison « vieille et caducque » à un étage, faisant pareillement saillie sur la voie publique. Comme celle dont nous venons de parler, elle était attenante au couvent des « Pénitentes Récollectines », dont les vieux bâtiments existent encore en majeure partie. Elle appartenait à dame « Pétronille Declerc, veuve de Charles Dewilde, bourgeoise boutiquière », qui, voulant la « faire reconstruire à neuf » présenta requête « à messieurs les bourgmaître et échevins de la ville et territoire de Dunkerque », afin qu'il lui plût d'en approuver les plans qui y étaient annexés.

Depuis longtemps ce genre de constructions était en défaveur, et le magistrat tenait sévèrement la main à ce qu'elles ne se renouvelassent plus, comme en voici la preuve par l'ordonnance des échevins et du conseiller pensionnaire, commissaires aux ouvrages de la ville et du territoire de Dunkerque, arrêtée à l'assemblée du 11 Mars 1761, et conçue en ces termes : « Nous ordonnons que pour la décoration de la rue, la maison (1) dont s'agist sera reconstruite et battie à deux étages et rez-de-chaussée conformément au plan paraphé par lesdits commissaires, et que la hauteur de la façade sera pareille à la maison d'Ambroise Chevalier, qui fait le coin du Vieux Marché au Beurre, avec défence de faire sortir en saillie le dessus du rez-de-chaussée ».

En face de cette maison existait naguère la portelette ou impasse Vanalsen (2) qui était commune aux maisons n° 1er contre la porte du port au bout de la rue des Pierres ; — n° 3 au coin, démoli en 1856 ; — nos 5 et 7 dans la cour ; — nos 9 et 11, aboutissant à la rue, expropriées comme les autres en 1858.

Vers le milieu du XVIIIe siècle vivait à Dunkerque un homme assez riche du nom de Pierre Vanalsen. Il possédait deux maisons de la portelette dont nous venons de parler, et, depuis quelques années déjà, les habitants de ce quartier avaient attribué son nom à la portelette. Quelques années

(1) Le n° 4 actuel au côté oriental de la rue de Hollande.
(2) Et non Vanwalsen, nom mal écrit p. 56 de l'histoire de Dunkerque, citée.

après sa mort, les deux maisons sus-indiquées et d'autres biens échurent en partage le 12 Septembre 1764 (1) à dame Anne-Thérèse Vanalsen, sa fille, épouse de Louis-Anselme-Gérard Leclerc, marchand et fabricant de tabac en cette ville. Le 23 Décembre 1773 (2), M. Daniel Denys, ingénieur constructeur de la marine à Dunkerque, acquit les deux maisons de madame Leclerc; (3) et, malgré cette mutation et toutes celles qui se sont opérées à l'égard même des quatre autres maisons, la dénomination de Vanalsen attachée primitivement à l'impasse, ne s'est jamais perdue.

En face de la maison du sieur Clémence, on voyait encore il y a quelques années, avant la reconstruction des numéros 15 et 17, une autre portelette ou courgain qu'habitait une misérable populace. On l'appelait Poirier Spoortje (4), du nom du père ou de l'aïeul de l'avocat Poirier, de Dunkerque, auquel ce courgain appartenait.

————

Conformément au vœu qu'on m'en a exprimé, j'ai levé le plan de la maison n° 25 de la rue de Hollande, en face de la rue Faulconnier. Depuis lors, j'ai pensé qu'un plan, quel qu'il fût, n'offrait de l'intérêt que s'il était accompagné de quelques mots d'explications.

Cette maison se distinguait par sa façade à pignon terminant en pointe, et prenant la forme d'un escalier à partir de la naissance du toit caché à la vue jusqu'à l'héberge saillante du mur. Rien n'était régulier dans son architecture. Il y avait même absence de goût et de la moindre idée de construction de la part de l'ouvrier. Les deux croisées au sud de la porte d'entrée étaient plus basses que celle que l'on voyait au nord. Les trois croisées du premier étage n'étaient pas placées entre elles à égale distance; les deux seules fenêtres du second étage n'étaient même pas alignées avec celles de dessous. La maison avait subi bien des modifica-

(1) Acte devant le notaire Delahaye, de Dunkerque.

(2) Contrat devant M° Six, notaire à Dunkerque.

(3) Voir ces deux derniers actes dans les titres, notamment ceux d'une maison située en cette ville, rue des Vieux Quartiers, 17.

(4) Et non Pourier Spoortje, nom mal orthographié page 56 de l'Histoire de Dunkerque citée.

tions depuis 1650, date qui y était figurée par des ancres de fer extérieures. Les deux larges entrées de caves en saillie sur le trottoir en avaient disparu. Les contrevents au midi, la porte de la rue, la dimension des carreaux de vitres, les formes des fenêtres, avaient été modifiés.

Vers le milieu du dix-septième siècle, on ne connaissait pas les contrevents de toute la longueur des croisées, les portes d'une seule pièce, des fenêtres non cintrées par le haut, les vitres non assujéties par des lames de plomb et des barres de fer, si ce n'est quelquefois pour des monuments. La maison que nous venons de décrire s'appelait la **Croix rouge**, et, selon les titres, elle était contiguë de « bise » ou nord à la maison de l'Empereur, et de l'occident, par derrière, aux remparts du « Cay », quai, port, hàvre, comme on le disait indifféremment.

La date de 1650 n'était pas celle de la construction ; mais la date d'une reconstruction, car avant cette époque nous recueillons dans les titres deux lettres de rentes perpétuelles hypothéquées sur l'immeuble, dont l'une du 6 Juillet 1620, et l'autre du 11 Décembre 1638 ; celle-ci au profit des religieuses Pénitentes du couvent dit de Saint-Julien. En 1682 cette dernière rente était toujours due aux religieuses avec un grand nombre d'années d'arrérages ; elles en poursuivaient le paiement en vertu d'un décret du magistrat en même temps que la vente de la maison. Faute d'amateurs la propriété leur fut adjugée ; et, chose étrange, après l'avoir revendue, elles devinrent plus tard encore propriétaires, mais jusqu'à concurrence d'un tiers seulement comme étant aux droits de Marie Rowis, professe du monastère, qui l'y avait apportée en dot à son entrée en religion. Le 27 Juillet 1720 (1), « sieur et maistre Nicolas de Meullebecque, conseiller du roi, bourguemaistre de la ville de Dunkerque, se rendit adjudicataire de « la Croix rouge ».

Le couvent avait alors pour abbesse la très digne sœur Marie-Jeanne Odiette, et pour mère vicaire Marie-Geneviève Duret. L'abbesse était celle dont le nom figure dans la nomenclature donnée par Faulconnier (2) des « personnes de Dunkerque qui, par leurs belles qualités, leur savoir et leurs

(1) Jugement d'adjudication devant le magistrat.
(2) Description historique de Dunkerque, Bruges, 1730, tome II, page 198.

vertus, se trouvèrent, en 1715, élevées à des places distin-
guées dans l'église ».

Le couvent des Pénitentes possédait également, en ce
temps, rue de Hollande, la maison sise au nord que l'on appelait d'ancienne date du nom de l'Empereur. Elle servait
d'hôpital dit de Saint-Julien : c'était une des différentes maisons qui étaient affectées aux malades et aux infirmes avant
l'organisation définitive, au XVIIIᵉ siècle, de l'hôpital général de la rue des Vieux-Quartiers. Cette maison et la Croix
rouge contiguë avaient plusieurs communications entre elles
ainsi qu'on a pu le voir longtemps par la disposition des
voûtes de caves, après la démolition de la maison de l'Empereur.

Jusqu'en 1760, toutes les maisons du côté occidental de
la rue de Hollande avaient assez peu de profondeur. Entre
elles et le mur du port, il existait des terrains qui servaient
de chemins de ronde, et comme avec le temps ces chemins
étaient devenus inutiles au service militaire, Antoine-Louis-
François Le Fevre de Caumartin, intendant de Flandre et
d'Artois, rendit, sur le vœu des habitants, une ordonnance,
en date de Lille du 12 Novembre 1758, portant concession
en faveur des particuliers dont les maisons aboutissaient au
mur d'enceinte. M. Philippe-Jacques Lieven, avocat et échevin, possédait et habitait les deux maisons.

Au sud de la maison dont nous venons de parler, se trouvait la maison n° 23, reconstruite au dix-huitième siècle.
Modifiée il y a une trentaine d'années, elle avait néanmoins
conservé ses pilastres et son entrée de cave en saillie, jusqu'au jour de sa démolition, ainsi qu'on le voit par le dessin
que j'en ai donné.

A cette époque, il y avait encore à Dunkerque dix-huit
entrées de caves béantes sur la voie publique comme autant
d'abîmes : c'étaient celles du côté méridional de la rue de
Hollande et du Marché aux Volailles. Elles n'avaient pas subi
le sort commun de toutes les autres de la ville, en considération du projet d'abattre de ce côté les maisons longeant le
port.

Le temps qui ne respecte rien, ronge et ruine tout ici-bas.
A son tour, le marteau démolisseur détruit incessamment
l'œuvre de nos pères, pour ne laisser sur sa route que des
souvenirs confus.

Dans notre course, arrêtons-nous un instant en face du côté méridional de la rue Saint-Jean, et disons que là existait naguère, sous le numéro 12, une vénérable construction qui accusait, par ses ancres de façade, l'année 1630. Au mois de Juillet 1858, nous l'avons vu disparaître avec la douleur de l'antiquaire dépossédé fortuitement d'un objet qui fait son admiration. Toutefois nous ne formulons aucune plainte contre l'acquéreur, M. Deman-Lebaron, qui, en voulant se loger agréablement et dans les goûts de notre temps, a fait élever un bâtiment aussi commode que coquet ; mais nous blâmons les anciens propriétaires d'avoir laissé dépérir volontairement leur bien : il est de notoriété qu'ils avaient négligé toute espèce de travail de consolidation. L'un d'eux avait même fait couvrir d'une épaisse maçonnerie le plus bel ornement de la maison : une magnifique cheminée en marbre, à colonnes et à incrustations figurant des oiseaux, des fleurs, des têtes humaines, etc. Notre regret a eu sa compensation : l'intention du nouveau propriétaire de faire don au musée communal de cette œuvre d'art, nous a réjoui et nous a consolé.

Il est à craindre qu'avant peu d'années les maisons de Dunkerque qui portent dans leurs ancres de façade le chiffre du XVIIe siècle, ne subissent une complète transformation. Il n'est donc pas sans intérêt de les signaler ici :

Le nº 41, maison au coin de la rue Neuve, dont la façade, rue de la Marine, offre le millésime de 1692 ;

Le nº 7, qui est l'ancienne église du couvent des Conceptionistes, au côté septentrional de la rue des Sœurs-Blanches, conservant sur son antique façade religieuse cette inscription : An. 16.73. no. (1) ; chiffre qui est la date d'une reconstruction ;

Le nº 18, au côté méridional de la rue St-Jean, au millésime de 1661 ;

Le nº 15, au nord de la rue Saint-Gilles, de 1641;

Le nº 17, à l'ouest de la rue de Bourgogne, datée de 1636;

Le nº 4, au sud de la place du Minck, offrant au regard le chiffre de 1635 et la statuette de Saint Joseph dans une niche (2);

(1) Faulconnier, Description historique citée, a fait erreur, p. 86, en indiquant la date de 1603 sur le dessin du couvent.

(2) Cette statuette si curieuse et celle de la Sainte Vierge placée

Le n° 30, au nord de la rue des Pierres, de 1633 ;

Le n° 34, au même côté de la rue, de 1630;

Le n° 34, au midi de la rue du Collége, de 1618;

Le n° 5, à l'occident de la rue du Quai, aussi de 1618.

A peu de chose près, toutes ces constructions ont extérieurement le cachet de leur époque respective.

Il est d'autres propriétés que l'on a entièrement restaurées depuis peu d'années, mais qui conservent néanmoins les dates de leurs constructions primitives. En voici la nomenclature :

Le n° 25, au côté méridional de la rue de Hollande, daté de 1699;

Le n° 14, au nord de la rue de Bergues, de 1697;

Le n° 71, au côté septentrional de la rue du Collége, de 1696 ;

Le n° 19, au côté oriental de la rue Saint-Sébastien, de 1695;

Le n° 15, au nord de la rue des Arbres, de 1694;

Le n° 2 de la rue du Quai, offrant la même date de 1694 à sa façade de la rue du Collége;

Le n° 50, au côté oriental de la rue des Vieux-Remparts, de 1686, dont les têtes des 6 ont été brisées;

Le n° 22, au midi de la rue Emmery, de 1684;

Le n° 4, au côté oriental de la rue des Vieux-Remparts, de 1683;

Le n° 4, au sud de la rue de Nieuport, de la même année 1683 ;

Le n° 3, à l'ouest de la rue de l'Eglise, de 1682 ;

Le n° 16, au côté septentrional de la rue Maurienne, de 1643 ;

Les n°s 18 et 16, ancienne rue Neuve sur le port, de 1637, dont le 6 a fait place à un 1 dans la reconstruction ;

Le n° 11, au midi de la rue de Bergues, de 1636;

Le n° 40, à l'est de la rue de l'Eglise, de 1634, dont les deux premiers chiffres ont disparu ;

Le n° 28, au aud du marché au Poisson, de 1632, dont les mêmes chiffres n'existent plus ;

dans une niche en façade de la maison n° 15 située au côté méridional de la rue de la Vierge, ont échappé à nos investigations lorsque nous avons écrit « les Dévotions populaires dans l'arrondissement de Dunkerque », imprimées en 1854.

Le n° 7, au nord de la rue des Chaudronniers, de 1626, dont le 1 a été enlevé à la reconstruction ;

Le n° 18, au coin nord-ouest du Marché aux Volailles, de 1616.

Parmi les dates du XVIIe siècle que nous avons citées, il y en a dont les chiffres sont admirablement ouvragés. Ce sont de véritables chefs-d'œuvre. Au XVIIIe siècle, l'ouvrier n'y mettait plus le même soin et le même temps. On s'aperçoit que le goût et l'amour de l'art en sont passés. Au XIXe siècle, l'usage s'en perd de jour en jour. Il n'y a plus que très peu de maisons qui portent une date en façade ; cela est aujourd'hui une simple fantaisie de propriétaire. Autrefois, c'était une affaire d'amour-propre de forgeron, qui tenait à honneur de produire publiquement ses preuves de savoir-faire.

Tous les jours on voit disparaître d'antiques façades. Au mois d'Avril 1858 on a démoli la petite maison Perre, n° 13, située au côté occidental de la rue du Quai, que remplace aujourd'hui une magnifique maison à deux étages. Rien n'était curieux comme le tambour de la boutique, qui semblait fléchir en avançant sur le trottoir, et le toit fait comme ceux de nos jours, qui, du faîte à la gouttière, avait autant d'étendue que la hauteur de la façade. Le sol de la maison était au-dessous du niveau de la rue, que l'on avait exhaussé dans nos temps modernes ; ce qui ne se voyait pour aucune maison de Dunkerque, si ce n'est pour la majeure partie de celles du côté occidental de la rue de Hollande. Cependant nous constatons ici, en passant, que, dans la Basse-Ville, il existe une immense quantité de maisons dont les jardins et les cours sont à plusieurs centimètres et même à plusieurs mètres au-dessous du niveau des rues. Cela provient de ce que presque toutes ces rues ont été formées de terres et de gravois rapportés.

On ignorait la date de la construction de la maison Perre. Seulement, les archéologues se rappellent très bien que déjà, il y a cinquante ans, quand on lui adapta le tambour qu'elle n'avait jamais eu, elle menaçait ruine. Semblable à ces vieillards robustes qui fléchissent mais qui ne tombent pas, elle se maintint toujours dans sa caducité extrême, grace à la solidité de ses murs, sans réparations extérieures depuis longues années. On présume néanmoins que sa construction datait du XVIe siècle (1595 à 1600). La maison portait avec elle un projet d'alignement de la rue, malheureusement abandonné au XIXe siècle, qui se croit si progressif et si infaillible. La façade du côté septentrional faisait saillie de 35 centimètres d'épaisseur du mur sur celle du coin, reconstruite il y a peu d'années, et rentrait d'une même épaisseur de mur au midi. Au moyen de cette disposition et en poursuivant la ligne droite vers l'intérieur de la ville, on serait arrivé à peu près à l'alignement du côté occidental de la rue de l'Eglise ; la maison située à l'angle de la place d'Armes et de la rue du Quai aurait dû perdre nécessairement de quatre à cinq mètres de sa façade méridionale. En 1618 l'administration échevinale conservait encore son projet d'alignement, lors de la reconstruction de la maison n° 5, au même côté de rue. Actuellement elle est la seule qui doive avancer. Si l'ancien projet eût été exécuté, on eût embrassé un point de vue magnifique, le port, en quittant la rue Maurienne, et l'on eût obtenu un alignement régulier et direct que l'on recherche tant de nos jours !

———————

Dans notre promenade archéologique, nous ne devons pas négliger d'enregistrer un souvenir qui allait peut-être se perdre : C'est que, — postérieurement aux XVIe et XVIIe siècles, — en 1750 encore, on donnait aux maisons des noms de saints ou autres. Nous n'en rapporterons qu'un exemple. Le 2 Avril de cette année, la ville de Dunkerque vend à MM. Joseph Thiery et Louis-Maurice Arnaud-Jeanty, tous deux entrepreneurs des travaux du roi, un terrain contigu au mur d'enclos du jardin des R. P. Capucins, sur toute la longueur de la rue du Sud à partir du Quai au Bois (maintenant Place Napoléon), à condition qu'ils y feraient construire douze maisons. Le 29 Mai, les acquéreurs procèdent par moitié au partage.

Sur la partie occidentale, M. Arnaud-Jeanty fait bâtir six maisons. Le n° 1 actuel est nommé Saint-Louis ; le n° 3 Saint-Jean ; le n° 5 Saint-Honoré ; le n° 7 Saint-Maurice ; l'habitation suivante Sainte-Anne (qui a disparu en partie lorsque l'on a percé la rue David, d'Angers, à travers le jardin des Capucins); et le n° 9 Sainte-Thérèse.

Sur la partie orientale, M. Thiery fait bâtir également six

maisons. Le n° 11 est nommé Saint-Robert ; le n° 13 Saint-Charles ; le n° 15 Sainte-Catherine ; le n° 17 Saint-Adrien ; le n° 19 Sainte-Marie-Magdeleine ; enfin le n° 21 Saint-Joseph, aboutissant à la rue Nationale, alors la rue du Bogaert.

En cette année 1750, la dénomination des rues n'était pas encore indiquée au regard des passants. Ce ne fut que l'année suivante que l'on attacha aux angles des rues des planchettes indicatives des noms. Puis, bien des années s'écoulèrent avant qu'on ne réalisât un autre projet : celui de numéroter les maisons de la ville. Cette mesure n'eut lieu qu'en 1765 (1). Le croirait-on ? Il ne fallut pas moins que 20 à 23 ans aux notaires du pays pour les déterminer à consigner quelquefois dans leurs actes les numéros des propriétés urbaines. Encore, en 1800, tous ne le faisaient pas ; et la mesure ne devint obligatoire ou ne fut comprise et adoptée qu'un an ou deux après.

Nous avions l'intention de donner quelques détails sur la maison de la Place du Minck, n° 4, portant le millésime de 1635, ainsi que l'indiquent les ancres de sa façade à l'espagnole, et dont le plan est joint à notre notice ; mais comme les anciens titres de cet immeuble ne sont pas entre les mains du capitaine Vanwaelfleghem, qui en est le propriétaire, il ne nous a pas été possible d'en retracer le moindre souvenir historique. Nous croyons toutefois qu'une observation devient indispensable. À notre avis, la date qui y figure est assurément celle d'une reconstruction et non celle d'une construction primitive, car Dunkerque de ce côté est très ancien.

Deux mots d'éclaircissements. Le vieux Dunkerque était borné du côté de la mer par la rue du Nord, à l'est par la rue des Vieux-Remparts, au midi par la rue des Vieux-Quartiers, et à l'ouest par le port. Tout ce qui existe maintenant de rues et de places vers le sud a été créé successivement depuis 1679. On l'a dit ailleurs, mais il fait bon de le répéter.

L'une des premières maisons que l'on y éleva fut celle qui fait le coin de la rue Neuve, où elle porte le n° 41, et de la rue de la Marine, où se voit la date de sa construction, 1692. La façade de ce côté porte le cachet de son époque ;

(1) Histoire de Dunkerque citée, p. 315.

le dessin mérite d'en être conservé ; aussi le joignons-nous
à notre publication. Cette façade est faite à fronton, non de
forme conique, mais contractant celle d'une ellipse dont le
sommet dépasse l'extrémité de la toiture qu'elle cache. Elle
a, en outre, deux points remarquables dans sa partie supé-
rieure : ce sont ses pilastres à surface rectiligne faisant corps
avec le mur, et ses trois fenêtres en œil de bœuf dont une
seule conserve un faible jour ; les deux autres sont entièrement murées La partie inférieure du bâtiment a été retou-
chée plusieurs fois.

Il n'existe plus à Dunkerque que peu de maisons de ce
genre mi-espagnol, mi-français ; ce qui nous donne la pensée
de les énumérer. On trouve :

Au nord de la rue des Vieux-Quartiers, le n° 35, qui fait
l'angle de cette rue sur la ligne de l'hôpital civil ;

Vis-à-vis de l'hôpital militaire, le n° 20, faisant le coin
nord-ouest de la rue Jean-Bart et de celle du Château ;

A l'ouest de la rue du Gouvernement, à l'ancienne Citadelle, les deux ailes de l'Entrepôt des douanes.

Nous aurions dû citer en première ligne la maison n° 20,
au nord du Marché au Poisson, qui fait suite à la rue Maurienne, où est établie la pharmacie de M. Thibaut. Cette
façade à fronton, que les propriétaires ont, de temps immé-
morial, fait entretenir et peindre, est le plus beau type du
genre que nous ayons vu. C'est un vrai modèle d'architecture, exécuté, assure-t-on, pour maîtrise. L'intérieur est
moderne. Elle ne porte plus la date que l'on y voyait il y a
peu d'années.

Quand je m'informai près de M. François Thibaut, très
aimable vieillard habitant la maison que je viens de signaler
et où il vint au monde, il me répondit : « Au mois d'Avril
1859 j'aurai seize ans moins qu'un siècle, et la maison avait
cent ans de construction quand ma mère, qui y naquit qua-
rante-trois ans avant moi, m'y donna le jour vingt-cinq ans
avant sa mort, survenue dans la même maison ».

La solution du problème me donna : 1673 pour la construction de la maison ; 1732 pour la naissance de la mère ;
1800 pour la mort de cette dame, et 1775 pour la naissance
de son fils, M. François Thibaut, qui, en 1859, complètera
sa quatre-vingt-quatrième année.

Un seul édifice public à fronton elliptique et à pilastres,

nous reste de tous ceux que nous avions autrefois : c'est l'église paroissiale de Saint-Jean-Baptiste construite de 1772 à 1778. Quoique plus grande, sa façade nous rappelle en tous points celle de l'église du couvent des Pères Minimes (1), démolie en majeure partie de 1808 à 1810, au nord de la rue Saint-Jean, là où sont construites aujourd'hui la maison n° 41, et une faible fraction de la maison n° 43. La façade de l'église des Jésuites (2), que l'on abattit en 1826 (3) et qui était située sur l'emplacement du collége communal, avait beaucoup de rapport avec celle des deux autres monuments religieux.

II.

Le 11 Août 1695, tout Dunkerque était en alarme.

A sept heures du matin, une flottille anglo-hollandaise, forte de 60 voiles, commandée par l'amiral lord Barkley, était venue s'embosser en vue du port ; 52 autres navires, formant la réserve, étaient à l'ancre dans la fosse de Mardick.

Depuis huit heures une grêle de bombes, de boulets et de mitraille tombaient sur les forts, les jetées et dans le port.

On s'attendait à un débarquement.

L'amiral anglais n'avait la pensée, cependant, que de ruiner les forts, les châteaux et les jetées.

A neuf heures le canon de l'ennemi gronda avec une recrudescence terrible et soutint son feu pendant plusieurs heures avec une persistance sans égale.

L'entrée du port était défendue à gauche et à droite par le fort de Revers, le Risban, le château de Bonne-Espérance, le château Gaillard et le château Vert (4). A l'extrémité des jetées, un ponton armé de canons, barrait le passage et 22 chaloupes canonnières gardaient la côte.

---

(1) **Figurée dans Faulconnier.** Description hist. citée, t. II, p. 41.

(2) Id. Id. Id. t. I, p. 120.

(3) Et non à la fin du XVIII° siècle, comme un historien l'a dit en 1857.

(4) Une vue de Dunkerque du côté de la mer, dessinée par Royer, d'après celui du cabinet de M. Taverne de Renescure, et se vendant « à Paris, chez Claude Duflos, graveur, Place Dauphine », représente parfaitement le port à cette époque, avec ses forts et ses châteaux.

Place du Minck

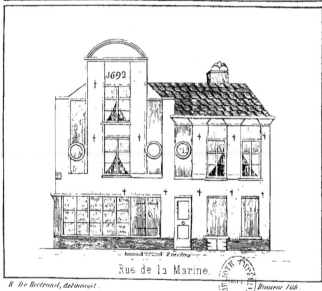

Rue de la Marine.

M. De Bertrand, delineavit.

Brasseur lith.

Si le feu de l'ennemi était foudroyant, celui des batteries françaises ne l'était pas moins.

Le célèbre Jean Bart, et M. de Saint-Clair, capitaine de vaisseau, commandaient le château de Bonne-Espérance et le château Vert. M. de la Ferrière donnait ses ordres à bord du ponton.

A trois heures, le feu de l'ennemi se ralentit un peu. Alors on lança quatre brûlots sur les forts et les châteaux. A l'instant, les chaloupes françaises, commandées par M. de Relingue, chef d'escadre, le chevalier Margon, M. de Saint-Pol, le chevalier de Luynes, le marquis de Chateaurenaut, M. de la Bruyère, et d'autres intrépides officiers, levèrent l'ancre, s'avancèrent vers les brûlots, et parvinrent à les détourner de leur route et à s'en emparer. L'ardeur des Français était admirable et elle imposa aux Anglais et aux Hollandais.

Vers six heures et demie, le combat était fini ; la flotte avait lancé plus de 1200 bombes, indépendamment des carcasses et des boulets ; puis elle s'était retirée presque tout entière au large, abandonnant une partie dont lord Barkley comptait si orgueilleusement sortir vainqueur.

Le lendemain matin il n'y avait plus à proximité du port que quelques chaloupes et quatre frégates, dont l'une de 28 canons, qui, après avoir tâlonné plusieurs fois sur le Brackbanc, y était restée échouée. On s'en aperçut au point du jour. M. de Relingue donna ses ordres, et toutes les canonnières prirent la direction de la frégate ; elles l'abordèrent résolument malgré son feu et celui des trois autres grands navires et des petites embarcations ennemies. Les équipages français sautèrent successivement sur la frégate, et se rendirent maîtres, après une courte résistance, des soixante hommes qui y étaient restés ; exemple de plus que, dans les combats à l'arme blanche, les Français ont toujours eu l'avantage sur les Anglais.

L'entreprise des Anglo-Hollandais, et la victoire restée aux Français eurent un si prodigieux retentissement, que le gouvernement fit frapper une médaille dont l'historien Faulconnier a reproduit le dessin dans son livre (1).

Plusieurs Dunkerquois voulurent conserver le souvenir de ce mémorable évènement, et parmi eux, on peut citer

(1) Description historique de Dunkerque, tome II, page 105.

M. Charles Balthazaer, marchand brasseur, et la damoiselle
Marie-Catherine de la Brière, sa femme, qui habitaient rue
Notre-Dame (1), leur maison-brasserie connue sous le nom
de Jeu de Paume. A cet effet, ces notables personnes firent
fabriquer des carreaux de faïence bleue dont l'ensemble devait représenter le dernier bombardement de Dunkerque,
et bientôt l'ouvrier vint en couvrir le mur occidental d'une
cuisine au rez-de-chaussée d'une maisonnette de derrière.

Quelques années après, M. et Madame Balthazaer-de la
Brière moururent. Longtemps leurs enfants conservèrent la
maison-brasserie en laissant subsister dans la cuisine le magnifique carrelage mural de faïence. Puis un jour vint que,
devant sortir d'indivision, ils vendirent leur maison à un
tiers. Le nouveau propriétaire, changeant la destination des
lieux, convertit en une chambre d'habitation l'ancienne cuisine et fit couvrir d'une tapisserie de papier le fameux bombardement du 11 Août 1695 ! La maison passa en plusieurs
mains ; enfin, M. Alexis Bellais, armateur, l'ayant acquise,
y fit effectuer d'importants changements. On reconstruisit le
quartier de devant, mais l'on conserva la maisonnette de
derrière dont on se contenta d'arracher la vieille tapisserie.
Quelle ne fut pas la surprise du propriétaire d'y trouver
dans l'un des panneaux un carrelage de faïence représentant
la ville de Dunkerque, son port et une flotte sur la rade.
J'allai voir (2) cette précieuse découverte quand on m'en
informa, et j'expliquai le fameux fait d'armes de 1695.

Le carrelage est dans un parfait état de conservation. Il
contient 18 carreaux de hauteur et 30 de largeur, en tout
540 carreaux, y compris ceux qui font bordure. Il mesure
3 mètres 88 centimètres en hauteur et 2 mètres 34 centimètres de largeur.

Faulconnier a pris le soin de joindre au texte de son histoire le plan du bombardement (3). Plus tard, un plan plus
grand fut gravé par J.-P. Oger : il retrace le même souvenir. Contrairement à ces deux documents, le dessin du carrelage représente la ville de Dunkerque vue de la mer.

L'ancienne brasserie de M. Balthazaer-de la Brière est

(1) Actuellement rue de la Vierge.
(2) Le 8 Novembre 1857.
3) Tome II, page 106.

actuellement la belle maison de commerce portant le n° 17 au côté méridional de la rue de la Vierge, appartenant à madame veuve et aux enfants Bellais.

Le glorieux fait d'armes de 1695 est raconté dans les moindres détails par le marquis de Quincy, dans son histoire militaire du règne de Louis-le-Grand (1) ; par Faulconnier, dans sa Description historique de Dunkerque (2), et par M. Vanderest, dans son Histoire de Jean Bart (3). M. Derode en a fait mention dans son Histoire de Dunkerque (4), et moi-même j'en ai écrit quelques lignes dans mon Histoire de Mardick (5).

———————

Anciennement les sujets historiques sur carreaux de faïence étaient fort à la mode à Dunkerque. Nos investigations nous ont aussi fait découvrir dans la maison rue du Collège, 39, appartenant aux enfants Pauwels, une œuvre de cette nature représentant le combat naval que, le 29 Juin 1694, livra Jean Bart à huit vaisseaux hollandais qui s'étaient emparés du convoi de blé destiné pour la France où régnait la famine. Comme on le sait, le héros dunkerquois, bien inférieur en forces à ses ennemis commandés par un contre-amiral, sortit vainqueur de ce hardi coup de main et ramena le convoi qui devait faire renaître dans sa patrie la joie et l'abondance.

Ce sujet n'a pas les proportions de celui que nous avons traité plus haut. Il fait partie du manteau de la cheminée d'une cuisine. Son ensemble a 8 carreaux en hauteur ou 1 mètre 2 centimètres, et 12 carreaux en largeur ou 1 mètre 66, sans la bordure. Comme dessin, nous donnons la préférence à ce dernier sujet sur celui de la maison Bellais.

———————

Après avoir retracé quelques souvenirs historiques, il est permis, pensons-nous, de parler d'objets d'art dont nos pères faisaient usage ou ornaient leurs habitations. Nous signalons d'abord la maison rue du Collège, n° 34, portant en façade le millésime de 1618. Cette maison, caduque en apparence, est charmante à l'intérieur. La cuisine seule n'a pas subi de modifications ; elle existe encore dans son état

———————

(1) 1726. — (2) 1730, page 106, tome II. — (3) 1841, p. 177. — (4) 1852, page 275. — (5) 1852, page 287.

du XVIIe siècle, avec ses murs littéralement couverts de carreaux de faïence qui ont conservé la fraicheur de la nouveauté. A droite et à gauche se trouvent quatre sujets qui font tableaux : ils représentent la chasse au lion, à l'ours, à l'autruche et au cerf. Ces tableaux, de couleur bleue, n'ont rien de saillant comme peinture ; mais ce qui a réellement une certaine valeur, c'est celui en faïence bistre qui est encastré dans le manteau de la cheminée. Ce tableau qui a une hauteur de 1 mètre 82 centimètres et une largeur de 1 mètre 03, sans la bordure, est vraiment remarquable. Toutes les figures sont admirablement exécutées, les poses, naturelles, les gens d'armes, dans le costume de l'époque. Il représente l'intérieur d'un corps-de-garde souterrain. Les mousquets et les hallebardes sont au ratelier ; les soldats et leurs officiers, en deux groupes, jouent aux cartes, les uns sur un tambour, les autres sur un tonneau ; les armures et les drapeaux sont déposés à terre. Des hommes montent les degrés ; un autre veille à la porte en jetant les regards vers ses camarades, dont il semble envier la liberté et la joie.

Madame Ve Boys-Pieters, propriétaire de la maison, fait le plus grand cas des carrelages de sa cuisine que tout le monde se plaît à admirer.

Les modes, les usages se perdent insensiblement. Rien souvent ne rappelle le passé quand quelques générations se sont éteintes! Ainsi, par exemple, qui sait à Dunkerque qu'au XVIIe et au XVIIIe siècle, on représentait Saint Joseph portant l'enfant Jésus sur le bras droit, tandis qu'aujourd'hui les images ne nous le montrent que seul ou tenant le divin enfant à la main ? De là vient que l'on prend généralement la statuette de ce Saint portant son fils à bras, exposée à la façade de l'antique maison de la Place du Minck, n° 4, pour celle de la Sainte Vierge, et cependant c'est bien la statuette du père nourricier de Jésus que l'on a devant les yeux.

La découverte que nous avons faite de l'un des deux tableaux en carreaux de faïence blancs et violets placés dans une arrière-cuisine de la maison de M. Gabriel Beck, négociant, rue du Collége, n° 9, nous a parfaitement éclairé et convaincu à ce sujet. Il représente Saint Joseph couronné, tenant sur le bras droit l'enfant Jésus dont la tête est ceinte.

d'une auréole ; et pour mieux nous en persuader, le fabricant a pris le soin d'inscrire au bas les mots : Saint Joseph.

Voilà donc une question hagiographique résolue d'une manière aussi satisfaisante qu'inattendue, grace à nos modestes promenades archéologiques dans la cité.

L'autre tableau offre l'image de Sainte Marguerite ; ce que nous apprend l'inscription, mise au bas, de Sancta Margarita.

Encastrés dans d'autres carreaux qui couvrent les murs de toute la pièce, ces tableaux ont 6 carreaux ou 80 centimètres de hauteur, et 5 carreaux ou 62 centimètres de largeur. M. Gabriel Beck les a fait détacher avec précaution lors de la démolition de sa maison en 1858, et replacer dans la cuisine de la belle habitation qu'il vient de faire construire.

Excepté les sujets dont nous venons de parler et quelques autres moins importants qu'il serait trop long de signaler, les Dunkerquois des deux siècles qui viennent de s'écouler, aimaient à avoir dans quelque endroit de leurs habitations, un ou deux carrelages de petite dimension. En général ils choisissaient des sujets qui ne pouvaient inspirer que la gaieté : preuve de plus que le caractère de nos ancêtres les Flamands était gai et disposé au plaisir.

Que l'on nous permette un dernier mot. Comme les grands carrelages à figures que l'on ne voyait pas chez les ouvriers, les tapisseries des Gobelins ne se plaçaient jamais que dans les propriétés des gens riches. Cet ornement luxueux, tout-à-fait passé de mode, se voit encore dans quatre salons de notre ville. L'un existe chez M. Louis-Philippe-Henri Beck, rentier, rue Faulconnier, 9 ; le second, dans la propriété de M. Gustave Chamonin, qu'occupe momentanément M. Charles De Laeter, doyen de Saint-Eloi, rue Jean-Bart, 24 ; le troisième au café du Parc, rue de la Marine, 21 ; et le dernier, qui est incontestablement le mieux conservé, dans le salon de M. Narcisse Richard, même rue, 16.

M. DEWULF

ET LA RUE DES VIEUX QUARTIERS.

—

1857

—

I.

En nous livrant à des recherches historiques sur la rue des Vieux Quartiers, dite du Loup ou Dewulf-straete, que nous habitons, nous nous sommes posé ces questions :

Quel est le Dewulf qui a laissé son nom à la rue ?

Pourquoi la nomme-t-on aussi rue du Loup ?

Par quelle raison l'appelle-t-on plus souvent rue du Loup ou Dewulf-straete, que de son nom officiel des Vieux Quartiers, inscrit aux angles de la rue ?

Voyons d'abord ce qu'un historien contemporain en a dit :

« Dewulf était un nom d'homme ; on l'a traduit en français pour en faire du loup » (1).

Cette allégation nous souriait assez ; il s'agissait seulement de connaître celui des Dewulf qui avait donné le nom. Plus tard, le même auteur s'exprime plus explicitement. Après avoir cité la rue Dewulf ou la rue des Vieux Quartiers, il ajoute :

« Antoine Dewulf, brasseur, avait là son usine et ses ma-

(1) M. Victor Derode, Histoire de Dunkerque, 1852, page 58.

gasins. De là le nom de rue Dewulf que l'on a fort improprement traduit par rue du Loup » (1).

Nous admettons le premier point comme un fait vrai; mais nous contestons que ce soit Antoine Dewulf qui ait laissé son nom à la rue. Nous soutenons même que la qualification de rue du Loup ne lui est pas impropre. On sait qu'il n'y a pas d'effet sans cause. Or, le nom de Loup a sa raison d'être. Généralement le peuple ne se trompe pas dans ses traditions. Chez lui le souvenir en est seulement plus ou moins affaibli, et il vient un jour où, par habitude, il répète, sans savoir pourquoi, ce qu'il a entendu dire par ses pères.

Tout ceci a fait l'objet d'une étude sérieuse de notre part; et, à force de patience, nous avons trouvé un autre individu, le véritable Dewulf, qui a laissé un double nom à la rue, outre l'appellation officielle.

Puis nous avons recherché quels faits ont accomplis, quels rôles ont joués, quelles charges ont remplies les Dewulf à Dunkerque pour y laisser leur nom en mémoire.

Enfin nous avons écrit avec impartialité les notes biographiques suivantes sur les deux personnages que nous mettons en cause.

II

Racontons en premier lieu ce que nous savons de M. Dewulf, le brasseur.

Son père portait comme lui le seul prénom d'Antoine, et sa mère s'appelait Devein.

Il n'était pas natif de Dunkerque (2); mais il y vint demeurer assez jeune.

Il se maria quatre fois. Sa troisième femme, veuve d'un M. Jean Souffelle, se nommait Françoise Bart. Elle était née à Dunkerque le 10 Septembre 1631, de l'union de Jean Bart et de Jeanne Kerlinghes, mariés le 20 Novembre 1615; elle

---

(1) M. Victor Derode, Notice sur la Topographie de Dunkerque, 1856, page 6.

(2) Nous n'avons pas trouvé son acte de baptême au registre de l'état civil.

était la cousine au cinquième degré, ou la tante à la mode de Bretagne, du célèbre Jean Bart, que Dunkerque avait vu naître le 21 Octobre 1650.

Au commencement de 1690 promesse avait été faite à M. Dewulf, par l'échevinage, de lui céder un terrain de 156 toises carrées (1), au nord de la rue des Vieux Quartiers, entre deux vieilles « caszarnes », terrain que le roi Louis XIV avait donné avec d'autres à la ville par lettres patentes, datées de Versailles du 28 Février 1686 « afin qu'elle ait, y est-il dit, le moyen de subvenir aux frais et a la despence des logemens (2) que les bailly, bourgmaistre et eschevins font construire pour les troupes qui composent ou composeront cijaprès la garnison dudit Dunkerque ».

Le 19 Mai 1690, l'hydrographe du roi, Pierre Baert, procède au toisé du terrain concédé à M. Dewulf, en présence de Pierre Faulconnier, grand bailli, et de François Joires, bourgmaître; puis, quelques jours après, le magistrat passe contrat en faveur de l'acquéreur.

Déjà alors l'honorable propriétaire fait bâtir une maison à deux demeures (3), au côté septentrional de la rue des Vieux Quartiers. L'autre côté existait en majeure partie depuis longtemps.

Deux ans après, quand les travaux tirent à leur fin, il présente au magistrat une requête dans laquelle il déclare qu'il a fait son acquisition « dans le dessein d'y ériger et establir une brasserie, a quel effect il a fait faire une assez belle maison servant d'ornement à la ville et plusieurs caves et un magazin, n'y manquant plus que les chaudières auxquelles il fait actuellement travailler ». Puis il conclut à ce que « le magistrat lui accorde la permission d'establir ladite brasserie, qui ne peut estre qu'utile et agréable au public veu l'aggrandissement de la ville et l'augmentation du nombre de ses habitants ».

Le magistrat, favorable au pétitionnaire, rend le 24 Juillet

---

(1) 68 mètres 76 décimètres 72 centimètres carrés.

(2) Ces logements sont les casernes de Sainte-Barbe, derrière l'abreuvoir, dont le nom est resté à la rue attenante. Voir Faulconnier, tome II, page 108.

(3) Elles portent maintenant les numéros 21 et 19. Le n° 19 appartient à M. Charles Wellebrouck, cabaretier, et le n° 21 est la propriété de Madame veuve et des enfants Vaurycke, plombiers.

1692 une ordonnance qui satisfait à sa demande, et l'usine ne tarde pas à être mise en activité.

Dans le même temps, le respectable échevin donne son nom de baptême à la brasserie, que l'on ne désigne plus, dès lors, que du nom de Saint Antoine de Padoue.

M. Dewulf, à qui la fortune sourit, cherche à s'agrandir. A l'ouest de chez lui se trouvent encore un terrain de 62 toises carrées et les matériaux de deux vieilles casernes ; il les acquiert du magistrat le 4 Juin 1693 ; et, dans la même année, il y fait construire une jolie maison d'habitation (1) qui vient augmenter, comme il l'avait exprimé, l'ornement de la ville. D'un autre côté, peu favorisé du sort, M. Dewulf perd sa femme, Françoise Bart, le 16 Juin 1695. Ses funérailles ont lieu le 18 au son de la grosse cloche. Jean Bart, le héros dunkerquois, le capitaine Mathieu Dewulf et toutes les notabilités de la ville assistent au service funèbre.

Se trouvant à la tête d'une maison où ses soins seuls ne suffisent pas, M. Dewulf épouse en quatrièmes noces, le 18 Septembre de la même année, une demoiselle Barbe Van-Spelberghe, de Dunkerque. C'était un homme pieux et rangé, aimant sa maison, sa profession et les habitudes patriarchales. Sous le rapport des femmes, il eut du malheur. Les deux premières meurent jeunes ; une seule le rend père ; la troisième ne survit que peu d'années à son mariage ! enfin il en vient à sa quatrième ; et certes s'il n'avait pas été suffisamment connu et apprécié du public, s'il n'avait pas été l'exemple des maris, on l'aurait pris pour le seigneur à la barbe bleue ressuscité du moyen-âge.

Il était alors avec les héritiers de sa troisième femme, en plein règlement d'affaires, que vint terminer heureusement un partage du 9 Décembre 1695.

Pendant quelques années le bonheur semble lui sourire. A la fin de 1698, on l'engage à se mettre sur les rangs pour la charge d'échevin, et le 13 Octobre il est assez heureux d'être élu au renouvellement du magistrat par M. Demadrys, conseiller du roi. Il reste en place jusqu'au 7 Juillet 1700 ;

(1) C'est le n° 17, qui appartient à M. André Vincent, marchand de meubles.

puis le 22 Juillet 1705, il se présente de nouveau à la candidature, et il a encore la satisfaction d'être réélu (1).

Mais bientôt la fatalité se réveille, et à peine a-t-il acquis (2 Décembre 1707) les parts indivises des héritiers collatéraux de Françoise Bart, que la mort lui ravit sa quatrième épouse.

Lassé des affaires et des choses de ce monde, M. Dewulf se démet de ses fonctions d'échevin le 7 Novembre 1709 (2), loue son établissement et se retire dans sa maison voisine.

Là il passe quelques années que viennent troubler parfois des désagréments suscités par le locataire de la brasserie. Finalement, la situation financière de celui-ci devient inquiétante, et le malheureux industriel est expulsé de l'usine, qui reste ensuite vacante pendant plusieurs années.

Dans ces entrefaites, M. Dewulf n'avait pas à se louer des procédés de sa fille Pétronille, veuve de M. Pierre Penetreau ; c'était pour lui un grave sujet d'affliction qu'il ne méritait pas.

La vie n'est qu'une alternative de peines et de soucis. L'homme ne s'en aperçoit que trop tôt lorsque les plus belles années de l'âge mûr se sont évanouies. Alors, s'il ne veut succomber dans la lutte où il est engagé, il doit se raidir contre l'adversité, s'armer de courage et de philosophie.

M. Dewulf en était arrivé à cette époque de la vie où il y a peu de compensation aux déceptions dont nous sommes assaillis chaque jour. D'un coup-d'œil il embrasse le passé et l'avenir de son existence ; et, se soumettant à la volonté de Dieu, il supporte avec une admirable résignation les hommes et les choses qui l'entourent, grâce à l'ange que la Providence a placé près de lui, sa petite-fille chérie, Mademoiselle Pétronille Penetreau, qui le comble de soins charmants et de respectueuses prévenances. Pénétré de reconnaissance, il lui fait une donation, 9 Mars 1720, « pour la bonne amitié et la singulière affection qu'il lui porte ». Il en était temps : le 30 Mars, M. Antoine Dewulf s'éteignait paisiblement.

Les funérailles eurent lieu avec grande pompe au son de

(1) Archives de la mairie de Dunkerque, registre 35, n° 1, renouvellement du magistrat, 1426 à 1780, folio 316, au folio 320.

(2) Même registre cité, du folio 330 au folio 336.

la grosse cloche, le 1ᵉʳ Avril, dans l'église Saint-Éloi; et lorsque le corps fut descendu en terre à côté de sa troisième femme, Françoise Bart, devant la chapelle de Saint Barthelemy, le vicaire P. Declercq inscrivit au registre l'acte mortuaire suivant :

« Le memme jour (1ᵉʳ Avril 1720), je soussigné aij enterré dans cette eglise avec le service de Jesu dans la chapelle de St Bertolomy le corps de sieur Antoine Wulf (1) veuf encien eschevin de cette ville mort en son domicile rue de Vieux Quartiers administré des Sacramens ordinaires âgé de soixcente buit ans ont esté tesmoins le Sʳ Alexandre Vic et Jean Godtschalck ».

———————

Nous avons raconté brièvement la vie d'Antoine Dewulf, le brasseur, telle que nous l'avons recueillie dans des documents de famille encore existant (2) et dans les registres de l'état civil et de la mairie. Nous n'y avons rien vu qui pût motiver l'attribution de son nom à la rue des Vieux Quartiers. Antoine Dewulf était tout simplement un brave et digne homme qui savait se faire aimer et estimer sans bruit et sans éclat.

Lorsque nous nous occupions d'assembler des notes pour tracer la biographie du brasseur Dewulf, nous ne nous expliquions pas comment les Français avaient pu donner à sa rue le nom Du Loup, alors qu'un nom patronymique n'est pas traduisible, en principe. Selon nous, on n'aurait dû l'appeler que rue Dewulf, comme l'on dit la rue Guilleminot, la rue Dupouy, la rue Jean Bart, la rue Royer, etc., tous noms de nos concitoyens auxquels la cité a voulu donner un témoignage public d'estime et de gratitude.

Maintenant, mieux instruit, nous tâcherons d'expliquer plus loin cette dénomination de rue du Loup. Toutefois,

———————

(1) On doit remarquer que le nom du brasseur est écrit ici sans la particule de. Il en est encore ainsi dans l'acte mortuaire de sa femme née Bart; mais le nom est transcrit tout au long dans l'acte de célébration de ses quatrièmes noces et dans tous les actes notariés que nous avons eus en mains, conformément à sa signature, qui fut constamment celle-ci : Anthoine Dewulf.

(2) Ils sont en la possession des propriétaires des maisons numéros 17, 19 et 21. Nous les avons tous eus en communication.

nous pouvons certifier dès ce moment qu'à la fin du dix-septième siècle la rue n'avait pas d'autre nom que celui de rue
des Vieux Quartiers, ou de Oude Cortier straete, selon l'expression des Flamands, si ce n'est le nom de rue de la Citerne
dont nous aurons l'occasion de parler.

Réflexion faite sur tout ce que nous venons de dire, est-il
bien vrai que le peuple dunkerquois ait donné ce nom de
Dewulf à une rue sur la seule vue d'une maison et la mémoire de simples faits d'un homme ordinaire ? Cela n'est pas
raisonnablement admissible.

Pour acquérir des droits à la reconnaissance publique, il
ne suffit pas de faire élever une belle et grande usine avec
un magasin et des logements d'habitation, d'employer plusieurs ouvriers, de se rendre populaire et abordable à tout
le monde ; il ne suffit pas d'être bon mari et bon père ; il faut
plus. Comment donc expliquer ce nom Dewulf ou du Loup
donné spontanément par toute une population à une rue ? Je
ne crois pas cependant que le secret en soit enfoui dans la
tombe avec l'honorable défunt. Jetons nos regards ailleurs.

III.

En parlant de plusieurs officiers de marine dont la France
et Dunkerque en particulier pouvaient s'honorer au commencement du dix-huitième siècle, M. Derode cite (1) le nom de
Dewulf après celui du chevalier Forbin, et il ajoute que les
dignes émules de celui que pleurait la France jetèrent sur la
marine française un éclat qui ne s'éteindra jamais.

Il était question dans ce passage de Mathieu Dewulf et de
Jean Bart mort le 27 Avril 1702.

Le capitaine Dewulf avait acquis une certaine célébrité ; il
marchait noblement sur les pas de Jean Bart, son compatriote, et déjà sa ville natale pouvait s'en glorifier.

Mathieu Dewulf était là terreur des ennemis. Jamais il ne
rentrait à Dunkerque qu'après de glorieux exploits, amenant
fréquemment au port de riches prises enlevées aux Anglais
ou aux Hollandais. En cent occasions il avait donné des

1) Histoire de Dunkerque citée, page 242.

marques éclatantes de sa valeur. Le danger lui était inconnu. Il attaquait les ennemis sans s'occuper des forces supérieures qu'il avait devant lui ; et, par un rare bonheur, il sortait toujours vainqueur des combats. Enfin son heureuse étoile lui réservait encore l'honneur de se signaler par la victoire dans un éclatant fait d'armes plus glorieux que tous ceux qu'il avait accomplis.

C'était le 20 Octobre 1707; Mathieu Dewulf commande le corsaire le Barentin, de 26 à 28 canons et de 170 hommes d'équipage. Il aperçoit pendant la nuit une frégate ; il la chasse et l'atteint. Il s'en approche même assez pour demander le nom du vaisseau. Le capitaine zélandais, — car il avait à faire à un navire de Flessingue, — lui dit d'un ton ferme : « Et vous, d'où venez-vous? » Dewulf répond : « de Dunkerque ». Au jour il l'aborde et la lutte s'engage. Les deux équipages s'attaquent et se défendent avec une égale ardeur ; ils s'entregorgent pendant deux heures. Enfin les braves Dunkerquois font un dernier et sublime effort, et la victoire leur reste. Dewulf conduit la frégate à Dunkerque.

La ville fut aussitôt pleine de ce grand évènement, et chacun vint féliciter le héros de cette mémorable journée. Assurément la rue des Vieux Quartiers était bien bruyante au moment où la foule joyeuse accourait pour recevoir l'intrépide marin, qui y habitait, au côté méridional, la petite maison dont il avait fait l'achat du sieur Pierre Olive, maistre charpentier et entrepreneur des ouvrages de la ville.

Cette action parut si belle que l'on en fit un rapport à Louis XIV, et que le grand roi envoya au capitaine Mathieu Dewulf une riche épée comme témoignage de sa haute satisfaction (1).

Dès ce jour, le nom du vaillant capitaine devint plus populaire que jamais. Les Flamands n'appelèrent que Dewulfstraete la rue qu'il habitait. Les Français la nommèrent rue du Loup, et cela n'était pas sans raison : « On surnommait, dit l'avocat Poirier, dans son Eloge historique de Jean Bart, on surnommait le brave capitaine Dewulf le loup de la mer,

(1) Faulconnier. Description historique de Dunkerque, Bruges, 1730, tome II, page 144. — Poirier. Eloge historique de Jean Bart, Paris, 1807, page 94. — Biographie Dunkerquoise, 1827, page 41. — Une Année à Dunkerque, par L.-Victor Letellier, 1850, page 101. Celui-ci fait erreur en nommant Dewulf du prénom de Mathias.

parce que Wulf en flamand veut dire loup » (1). L'historien aurait dû ajouter que, par ce surnom, les Dunkerquois peignaient fidèlement sa constante intrépidité, sa froide et énergique résolution dans l'attaque, son acharnement dans le combat.

L'avocat Poirier, comme l'on sait, était un admirateur de Jean Bart ; mais des réputations moins grandes ne passaient pas inaperçues pour lui. Il a dit aussi que l'histoire de cette ville citait encore d'autres grands hommes dignes de servir de modèles. Il les nommait, et, parmi ces noms immortels, il rappelait ceux de Jean Jacobsen et de Mathieu Dewulf (2). Cet aveu de l'historien, qui avait, au reste, particulièrement connu la famille, est bien significatif. Il fait honneur à celui qui en était l'objet et doit le rehausser encore dans l'opinion publique.

Mathieu Dewulf ne s'arrêta pas au fait d'armes de 1707 ; il se couvrit de gloire pendant deux années encore ; et ce ne fut qu'en 1709 qu'il céda le commandement de son corsaire au capitaine Pierre Freraert (3), qui, lui aussi, se fit une certaine réputation.

Poirier était pris d'un tel enthousiasme pour le capitaine Dewulf et quelques autres marins, qu'après avoir parlé de Jacobsen qui, en 1622, avait fait sauter son navire plutôt que de se rendre aux Hollandais, il disait : « Ces sublimes élans de bravoure et d'intrépidité étaient ceux des Mathieu Dewulf, des Freraert, des Delille, des Royer, des Vanstabel, etc.; ils sont ordinaires à tous les braves marins dunkerquois ; dans tous les temps nos ennemis l'ont éprouvé » (4). Et qu'on le remarque bien, le nom de Dewulf se trouve cité le premier dans l'expression de son admiration.

En rappelant la brillante époque où vivait Jean Bart, époque qui vit s'augmenter l'éclat que Dunkerque s'était acquis antérieurement, M. Derode ne s'exclamait-il pas qu'elle avait légué à la postérité des noms dont nous pouvons être fiers? Et à son tour il citait, parmi les plus vaillants, le nom de Dewulf, le corsaire, tout en donnant un souvenir à bien

(1) Eloge historique cité, page 81.
(2) Eloge historique cité, page 110.
(3) Description historique de Dunkerque citée, page 154. — Eloge historique cité, page 110
(4) Eloge historique cité, page 123.

d'autres braves, qui, dans un rang plus obscur, s'étaient montrés de dignes enfants de la bonne ville (1).

Telle est succinctement la vie publique de l'homme auquel la reconnaissance de la population conserva le nom même francisé à la rue des Vieux Quartiers.

On rapporte peu de particularités de la vie privée du capitaine Dewulf. Voici cependant un fait qui lui est personnel. Le 27 Septembre 1700, se trouvait à Dunkerque un voyageur du commerce. Ce jour-là il adressait à son correspondant une missive assez étendue qui contenait les lignes suivantes :

« J'ai revu hier M. Marcadé, qui doit vous avoir écrit au sujet de l'affaire des marcs de banque. Il remplit ici, depuis l'année dernière, les fonctions de bourgmaître. Il m'a invité ces jours derniers à passer la soirée chez lui, et j'ai eu l'occasion d'y voir quelques personnes que je connoissois de réputation ; d'abord M. Jean Bart, ce marin célèbre que Louis XIV a ennobli, et qui le méritoit bien, puisque ses actions d'éclat en font le plus grand homme de France. Il est fort simple dans ses mœurs, et, à le voir dans le monde, on ne croiroit pas que c'est l'homme qui s'est rendu la terreur de l'Angleterre et de la Hollande. Il parle peu et s'exprime difficilement en françois. Néanmoins, il a une certaine énergie de langage qui plaît et quelquefois étonne. Il a causé quelque temps avec un capitaine de corsaire du nom de Dewulf, qu'on dit aussi très brave, et que ses nombreuses prises ont enrichi. Leur conversation a roulé sur les probabilités d'une rupture avec l'Angleterre, et tous deux paraissoient plus la désirer que la craindre.... » (2)

Le capitaine Dewulf voyait la meilleure société de Dunkerque. On le rencontrait tantôt chez le bourgmaître ou chez le grand bailli M. Pierre Faulconnier, tantôt chez d'autres notabilités, où il se faisait aussi aimable qu'il était « loup » en d'autres circonstances.

En 1709, Mathieu Dewulf s'établit négociant et continua de demeurer dans sa maison, où l'on était venu si souvent lui faire des ovations. Il l'occupait encore le 4 Mars 1727,

(1) Histoire de Dunkerque citée, page 326.

(2) Lettre sur Dunkerque, insérée dans la Dunkerquoise du 30 Juillet 1844, n° 3297.

lorsqu'il fit son inventaire qu'il vint affirmer à l'assemblée des avoués de la garde orpheline, à cause de la minorité de sa fille unique Louise, seule héritière de Madame Anne Dewierdt, sa seconde femme, qui était morte le 31 Janvier 1722.

Le capitaine jouissait de l'estime publique. Il accrut même sa réputation en faisant loyalement le commerce : il acquit une belle fortune, et ce ne fut certes pas sans mal, car il eut à soutenir plusieurs procès devant l'amirauté de Dunkerque relativement aux parts de prises concernant son navire le Barentin (1).

A la fin de ses jours il alla habiter la campagne ; il y mourut assurément, puisque l'on ne trouve aucune trace de sa mort dans les actes de l'état civil de Dunkerque. On en acquerra peut-être la preuve, quand un laborieux archéologue découvrira des documents nécrologiques dans quelque localité de notre Flandre maritime.

Après le narré des faits qui précèdent, la question se trouve, ce nous semble, tout éclaircie, toute résolue, et il n'y a pas de doute qu'Antoine Dewulf, le brasseur, ne doive humblement céder la place d'honneur à Mathieu Dewulf, le capitaine. Ainsi, les appellations de Dewulf et du Loup données à la rue des Vieux Quartiers, se rattachent péremptoirement au capitaine Mathieu Dewulf, émule de Jean Bart, et distingué, comme lui, par le grand roi.

Que l'honneur lui en reste comme une juste récompense de sa bravoure et de son mérite.

Au surplus, Mathieu Dewulf était de Dunkerque, où il naquit le 26 Décembre 1670, du mariage d'Alexandre Dewulf et de Marie Schams (2). Antoine Dewulf était natif d'un autre lieu, et la cité n'aurait pas accordé gratuitement à celui-ci ce qu'elle n'accorde généralement qu'à ses enfants qui ont bien mérité, ou, par de rares exceptions, à d'illustres personnages étrangers qui ont rendu d'éminents services.

A la fin du dix-huitième siècle, pour expliquer le nom du

(1) Communication verbale de M. Alexandre Bonvarlet-Durin.
(2) L'acte de naissance porte le numéro 1203 du 7e registre. Il eut pour parrain Mathieu Vauhathor, et pour marraine Laurentia Heldenesse.

Loup, on inventa une drolatique histoire. On racontait que jadis apparaissait, tous les soirs, rue des Vieux Quartiers, un être mystérieux ; que le peuple le nommait loup-garou, et que de là était restée l'appellation de rue du Loup. Mais comme dans un écrit sérieux il n'est pas permis de raisonner sur de pareils contes, nous en passerons condamnation en maintenant l'explication donnée en faveur de Mathieu Dewulf, « le loup de la mer ».

On a même rapporté une autre histoire : on a dit que la rue du Loup n'avait pris ce nom qu'à cause d'un M. Leloup, administrateur, qui aurait longtemps habité la rue des Vieux Quartiers. C'est là une invention : ni la Description historique de Dunkerque par Faulconnier, ni l'estimable Histoire de Dunkerque par M. Derode, ni d'autres documents authentiques non plus que les archives du pays, ne font mention d'un M. Leloup. Celui-ci n'était autre sans doute que le capitaine qui, une fois rendu à la vie civile, aura rempli les fonctions d'administrateur dans quelque établissement charitable de la ville.

Autant il demeure avéré que Mathieu Dewulf a donné son nom à la rue, autant il est certain que la dénomination de rue du Loup n'est pas impropre. Elle n'est pas même contestable, quoiqu'elle ne soit pas admise administrativement, non plus que celle de Dewulf-straete. Les premiers habitants de la cité flamande se sont si bien habitués à ces deux appellations synonymiques, se rattachant à un souvenir aussi honorable pour l'homme que glorieux pour le pays, que les générations qui ont suivi les ont religieusement maintenues, ignorant avec le temps qu'il en existât une autre inscrite aux angles de la rue. Voilà pourquoi nous voyons si souvent le nom de rue du Loup employé dans tant d'almanachs, dans un grand nombre d'actes notariés, sur les adresses des lettres, dans des documents même semi-officiels, tel que le plan cadastral de Dunkerque levé et publié en 1827, par M. Derudder, etc.

Le nom honorable du capitaine Dewulf profita à sa fille ; mademoiselle Louise épousa un échevin de la ville et du territoire de Dunkerque, M. Albert-François Martin, qui y y occupa, de 1771 à 1775, la charge de bourgmaître, et qui devint ensuite conseiller du roi, trésorier de l'extraordinaire des guerres au département de la Flandre, en résidence à Dunkerque.

La maison du capitaine Dewulf ne sortit de la famille qu'après la mort de M. Martin. La veuve de celui-ci, Louise Dewulf, qui avait conservé sept enfants de son mariage, vendit la propriété à M. Benoît-Georges De Rive, courtier de change, le 15 Février 1783, et s'en alla ensuite habiter Hondschoote, où elle finit ses jours.

Cette maison, à un étage, porte aujourd'hui le n° 22. Elle appartient à M. François Vergriete, dont le locataire exerce la profession de boucher.

IV.

Toute la partie de notre ville circonscrite par les rues des Prêtres, de Jean Bart, des Vieux Remparts et des Vieux Quartiers, avec des portions de terrains adjacents, dépendait jusque vers l'an 960 du canton Gillisdorp ou bourg de St-Gilles, noyau primitif de Dunkerque.

Vers ce temps, elle devint l'emplacement d'un cimetière, d'une église et d'une certaine quantité d'habitations.

Après l'année 1440, époque où l'on commença à construire la grande église Saint-Eloi, à l'extrémité occidentale de l'emplacement signalé, on démolit l'ancienne église, située à l'endroit où se trouve aujourd'hui l'hospice Saint-Julien, et l'on changea la destination du cimetière qui l'entourait.

On y éleva un grand nombre de casernes d'infanterie et de cavalerie, dont la plupart s'étendaient du sud au nord, et les autres de l'est à l'ouest, depuis la rue Royer, alors innommée, sans doute, jusqu'à la citerne de la ville qui n'existait pas encore. (1)

En 1679 on traça plusieurs rues à Dunkerque. (2) Celle des Vieux Quartiers fut de ce nombre. La dénomination s'en explique admirablement bien : les troupes de la garnison étaient casernées de ce côté.

(1) M. Derode. Notice sur la topographie de Dunkerque, 1856, p. 15, appuyée du magnifique plan dessiné par feu M. Noel Leblond, l'opuscule du même auteur, intitulé : de Saint Gilles. de Saint-Eloi, Dunkerque, 1857, p. 5, et sa notice sur l'Eglise Saint-Eloi à Dunkerque 1857, p. 8 et suiv.

(2) Faulconnier, description historique de Dunkerque et tome II, cités, p. 88.

Il n'existait dans la nouvelle rue que trois maisons : c'étaient celles qu'habitaient des ecclésiastiques, contre le chevet de l'église et qui portent maintenant les n°s 9, 11 et 1, en tournant vers la rue des Prêtres.

Les maisons qui s'élevèrent ensuite, furent celles de la rangée méridionale, et voici comment.

En ce temps, vivait à Dunkerque un homme du nom de « Marcelles Tallendier, maistre paveur ». Il acquit de la ville en Novembre 1680, une étendue considérable de terrain pour bâtir ; ce qui fut confirmé par l'échevin A. L. De Brier, le 1er Août 1681, en vertu de lettres patentes du roi Louis XIV, données à Versailles le 28 Juin précédent.

Tallendier, immédiatement après, céda une partie de son marché à « André Vandenbussche, maistre charpentier, » à la condition, qui lui avait été imposée, de « bastir sur son dit héritage selon les ordonnances, us et coustumes de la ville. (1)

Leur achat respectif de terrain n'avait pour but que le bénéfice qui pourrait leur en revenir par suite de constructions ; dès l'année 1681, ils se mirent à l'œuvre, et l'on vit bientôt s'élever plusieurs maisons parmi lesquelles figuraient celles qui portent aujourd'hui les n°s 20, 20 bis et 22.

Au temps où Antoine Dewulf faisait élever sa première maison au nord de la rue des Vieux Quartiers, un sieur Dominique Audiquet y acquérait (1690) un terrain où il ne tarda pas à faire construire une vaste habitation. Sur ces entrefaites, la mort surprit cet homme, et ses héritiers, ne jugeant pas à propos de rester dans l'indivision, exposèrent leur propriété en vente. Le magistrat, auquel elle convenait pour les pauvres, en fit l'acquisition (1694) moyennant un prix de 15,650 livres tournois (2), et l'on fonda aussitôt l'hôpital général de Saint-Julien (3), qui manquait à la ville.

Au bout occidental de la rue on construisait la grande citerne, qui ne fut achevée que l'année suivante (1695) (4).

---

(1) Voir les titres des maisons n°s 20, 20 bis et 22, que nous avons eus en dénomination.

(2) Chiffre indiqué par une note que M. Mollet, maire de Dunkerque, président honoraire de la Société Dunkerquoise, remit à l'auteur dans la séance où celui-ci venait de lire sa notice.

(3) Description historique de Dunkerque et tome II cités, p. 129.

(4)   Id.   id.,   108.

Au-dessus et à côté on éleva des bâtiments, dont quatre avec galeries ayant logements au-dessous ; exemple unique à Dunkerque de ce genre de constructions qui empiètent sur la voie publique.

De là vint que, jusqu'en 1700 et même après, on l'appelait vulgairement la rue de la Citerne (1).

Toutes les anciennes casernes, au nombre de plus de quatre-vingts, mises hors de service, avaient disparu depuis cinq années (2), et dès avant ce temps de nouvelles maisons avaient été élevées sur toute la longueur de la rue.

D'autres constructions furent continuées jusqu'en 1705, année pendant laquelle les sieurs Pierre Olive, le charpentier, et Pierre Doers, bâtirent les quatre maisonnettes numéros 1, 3, 5 et 7, contre le mur méridional de l'église Saint-Eloi, sur des terrains que leur avaient concédés à perpétuité par adjudication, le 28 Novembre 1704, le bourgmaître et les échevins de cette ville, comme marguilliers de Saint-Eloi, à la charge d'une redevance annuelle.

Le capitaine Mathieu Dewulf habitait la rue des Vieux Quartiers depuis quelques années. Son nom et son surnom allaient bientôt être attribués à la rue par le peuple dans son enthousiasme et sa reconnaissance (1707).

Il n'y restait plus de terrains à vendre ; les deux lignes de la rue étaient bâties.

Soixante-quinze ans plus tard, le magistrat résolut que l'on élèverait un péristyle à l'église Saint-Eloi, en même temps que l'on y exécuterait intérieurement d'importantes modifications. Le 22 Octobre 1782 on posa la première pierre à l'extérieur du monument, et le portail romano-grec, dont l'extrémité méridionale donne sur la rue des Vieux Quartiers, fut achevé le 27 Mai 1787 (3).

Depuis lors, et surtout à partir de 1814, les maisons des dix dernières années du XVIIIe siècle ont subi toutes les transformations possibles à l'intérieur comme à l'extérieur,

(1) Ce que nous avons vu dans le contrat de 1700, qui se trouve parmi les titres de la maison n° 25.

(2) Notice sur la topographie de Dunkerque citée, page 15 ou 147.

(3) Voir ma notice sur le Péristyle de l'église Saint-Eloi de Dunkerque, insérée au tome II des OEuvres Dunkerquoises, 1857.

hormis une seule : la maison n° **35**, qui fait l'angle nord-ouest de la rue et de celle du Château. Sa façade est à fronton elliptique qui rappelle un peu la maison du coin du Parc de la Marine.

L'hospice a reçu aussi plusieurs modifications du côté de la voie publique ; le pignon seul du coin donnant sur la rue des Vieux Remparts a conservé sa forme presque originelle, à fronton conique, avec pilastres et trois fenêtres en œil-de-bœuf.

La rue se divise comme autrefois en trois sections, sur une longueur de neuf cents mètres environ.

La première contient 13 maisons, non compris l'église ni les deux portions de maisons des coins du bout oriental.

La seconde, celle du milieu, en contient 20, indépendamment des deux portions des maisons des coins de la rangée méridionale.

Et la troisième 7 seulement, outre l'hospice civil et les portions des deux maisons des coins du côté méridional.

Dans ce nombre il ne se trouve que cinq maisons à deux étages depuis moins de quinze ans.

Une seule propriété porte un millésime de date récente : 1817 ; c'est la maison n° 13, à l'angle nord-ouest de la rue et de celle des Prêtres.

Tel est l'historique de la rue des Vieux-Quartiers.

Si elle n'est pas riche de faits, on retrouvera, du moins, toujours dans ses souvenirs le nom d'un héros, d'un enfant du pays dont la grande ombre nous semble protester chaque jour contre l'oubli de ses concitoyens !

N'y aurait-il donc pas justice, en mémoire du valeureux capitaine dunkerquois, de la nommer officiellement désormais : RUE MATHIEU DEWULF ?

RAYMOND DE BERTRAND.

NOTICE

BIOGRAPHIQUE ET BIBLIOGRAPHIQUE

SUR

L'AVOCAT POIRIER, DE DUNKERQUE.

—

1858

—

I.

Le 7 Novembre 1753, dans une maison de Dunkerque qu'aucun document ni aucun souvenir ne déterminent, régnait contre l'habitude une grande animation. M. Louis-Auguste Poirier, procureur et notaire royal était devenu père : dame Marie-Cécile Boreey, sa femme, venait de donner le jour, vers sept heures du matin, à un garçon qui reçut au baptême les prénoms de Louis-Eugène. M. Louis Vernimmen, avocat, échevin de cette ville et marguillier de St-Eloi, fut son parrain.

Plusieurs années s'écoulèrent pour l'enfant, comblées d'ineffables joies, à l'ombre du sanctuaire domestique, sous la sauvegarde de son père et de sa mère. D'heureuses dispositions pour l'étude se développèrent vite en lui, et il fit toutes ses classes avec un succès continu. Tous les amis de la famille l'aimaient beaucoup, non-seulement à cause de ses goûts pour la science, mais encore pour son caractère enjoué et son esprit caustique. M. Vernimmen prit son filleul en affection. Plus tard il le dirigea dans la vie et lui conseilla d'embrasser l'honorable profession d'avocat.

Le notaire Poirier était à même de donner une brillante éducation à son fils et de l'envoyer étudier au loin : il jouissait d'une assez belle fortune. Le jeune homme fit son droit à Paris. Il s'y montra aussi bon étudiant qu'il avait été élève intelligent en province. Il passa dans la capitale les années nécessaires à ses études et à son stage, et y fut reçu avocat en parlement dans le cours de l'année 1777 (1). Quelque temps après il revint à Dunkerque, et il y ouvrit, rue Maurienne (2), un cabinet de consultations.

Le cœur du jeune légiste avait déjà parlé : il était épris d'amour pour Mademoiselle Marie-Joseph Coppin, fille de M. Léopold Coppin, négociant en vins à Dunkerque. Le mariage eut lieu le 7 Janvier 1778.

Poirier était à la recherche d'une maison : il y en avait une à louer rue des Vieux-Quartiers, dans le voisinage de ses parents, et comme elle lui convenait, il la prit à bail au mois de Février à dater du 1er Août suivant (3). C'était la maison à laquelle se rattachaient tant de glorieux souvenirs, et qu'avait occupée le célèbre capitaine Mathieu Dewulf, dont le nom était encore si connu et la mémoire si vénérée à Dunkerque.

Poirier se forma assez tôt une clientèle, grace à quelques personnes influentes, parmi lesquelles on comptait M. Vernimmen, son parrain ; mais il ne se fit guère d'amis ! Dès l'âge le plus tendre il eut la manie d'attaquer les abus, de censurer toutes choses ; et cela ne se faisant pas sans blesser les amours-propres, il en souffrit fréquemment. Il fut même atteint de la passion d'écrire, ce qui n'est pas sans danger pour un esprit de ce genre, quand on est pris d'idées fixes tendant à dévoiler les abus. Il débuta, cependant, sous d'excellentes inspirations : il occupa ses heures de loisirs à se rendre utile à ses concitoyens.

Du 12 Janvier 1779 à l'année 1782, Poirier produisit plusieurs écrits qu'il adressa soit aux ministres, soit aux chefs d'administrations de la province. On y remarquait les documents suivants (4) :

---

(1) Biographie Dunkerquoise, 1827. page 73, publication dont M. J.-J. Carlier, de Dunkerque, qui habite aujourd'hui Paris, fut l'un des principaux rédacteurs.

(2) Calendrier de Flandres, de 1777, page 300.

(3) Ce bail sous signatures privées existe dans les titres de la maison n° 22, dont est propriétaire M. François Vergriete.

(4) Voir les Idées des Doléances citées plus bas, p. 2 et 3.

1° Mémoire établissant l'ensemble des griefs des armateurs de Dunkerque contre les smoggleurs armés de Flessingue, soutenu des pièces justificatives et moyens d'arrêter le cours ds leurs pirateries ;

2° Mémoire concernant les inconvénients de recevoir les smoggleurs à Dunkerque pendant les hostilités, avec des notes instructives ;

3° Mémoire sur l'avantage idéal que Dunkerque retire du commerce du smogglage pendant les hostilités ;

4° Nouvelles instructions sur le commerce des smoggleurs avec des réflexions ;

5° Mémoire sur les abus de la rançon ;

6° Entretiens à Versailles avec M. De Sartine, des 2, 4, 6 et 7 Mars 1780, sur différents objets concernant la marine ;

7° Mémoire à l'effet de rendre les armateurs françois, armant sous pavillons et commissions américains, justiciables des juges de leur domicile ;

8° Mémoire sur le règlement des parts aux prises, pour en réformer les abus, à la suite duquel se trouve l'avis des armateurs de Dunkerque ;

Et 9° Conférences sur l'inexécution des 22 articles des loix relatives aux armements en course.

Ses travaux ne restèrent pas sans résultats : ils lui valurent les lettres les plus flatteuses, et les succès qu'il obtint dans l'origine l'encouragèrent extrêmement. Ainsi, sur le mémoire touchant les abus de la rançon, datant du 11 Novembre 1779, intervinrent les arrêts du Conseil-d'Etat du roi du 11 Octobre 1780 et du 30 Août 1782, qui abolirent la rançon. Le mémoire du 20 Mars 1780, relatif aux armateurs armant sous commissions et pavillons américains, donna lieu à la lettre de Louis XVI à Mgr l'amiral, en date du 10 Août 1780, et à celle de M. De Sartine à l'Amirauté de Dunkerque du 11 du même mois. Le mémoire sur le règlement des parts de prises du 27 Décembre 1780, motiva l'arrêt du Conseil-d'Etat du 15 Décembre 1782, qui en réforma l'abus (1).

Une bonne action a souvent sa récompense : en 1780, un grand nombre de négociants et d'armateurs de Dunkerque,

(1) Voir les Idées des Doléances citées, p. 3.

parmi lesquels figurait le chevalier Briansiaux, voulant donner à Poirier, le généreux et zélé défenseur de leurs intérêts, un témoignage de leur estime et de leur gratitude, signèrent un certificat des services rendus par l'honorable avocat à la ville et au commerce de Dunkerque. Cette attestation vint fort à propos, car la probité ne sauvegarde pas toujours la réputation d'un homme de bien. Les méchants ont des moyens qu'ils font valoir quand on s'y attend le moins.

Dans ce temps là, les deux fils de la veuve Benoist, habitants de Dunkerque, accusaient Poirier et son père d'avoir spolié leur mère, et d'être la cause de sa mise en banqueroute. En 1783 et lorsque l'affaire avait déjà été jugée en première instance, les accusés, dans l'intérêt du litige et de la vérité, crurent devoir lancer dans le public une brochure (1) sous ce titre : Mémoire pour M. L.-E. Poirier, avocat au parlement, intimé défendeur et demandeur contre Louis-Charles Benoist et Charles-Jean-Bonaventure Benoist, appelants, demandeurs et défendeurs, en présence de M. le procureur général appelant à minimâ.

Le procès fut jugé de nouveau, et, comme les honnêtes gens l'espéraient, les résultats ne manquèrent pas d'en être favorables à MM. Poirier, qui en furent quittes pour une partie des dépens : toutes les calomnies que l'on avait colportées tombèrent d'elles-mêmes une à une, comme il arrive souvent quand les preuves manquent.

Jusqu'ici Poirier s'était montré sage et réfléchi ; et aussi longtemps qu'il eut près de lui le guide, le conseil, que la Providence lui avait donné à sa naissance, il suivit une route sûre et riante ; mais après la mort de M. Vernimmen (16 Novembre 1786), Poirier sentit plus d'une fois que cet ami si dévoué, si affectueux, lui manquait sur la terre. Poirier n'était pas un ingrat, il avait un cœur excellent ; et, si M. Vernimmen avait été pour lui plus qu'un protecteur, il en parla toujours avec respect et reconnaissance.

Il n'oublia jamais que M. Vernimmen, qui avait rempli à Dunkerque les fonctions de bourgmaître de 1757 à 1762, et de 1780 à 1784, avec honneur et probité, n'avait quitté sa charge cette dernière fois que par une flagrante injustice.

(1) In-4° de 40 pages, de l'imprimerie de Michel Nicolas, rue St-Géry.

Dans les premiers temps de la Révolution il disait (1), en
s'adressant à l'intendant monseigneur Esmangart, chevalier,
seigneur des Bornes et autres lieux, conseiller du Roi, maître des requêtes honoraire de son hôtel :

« L'impatience où vous étiez, en 1784, de satisfaire à
l'ambition de votre ami Thiéry, et, encore, de le décorer du
titre de bourgmaître, vous a fait forcer la main à M. Vernimmen qui l'était, et dont vous avez exigé la démission ! Pour
l'y déterminer plus tôt, vous lui avez accordé une pension de
cent pistoles sur le revenu de la commune ; en vérité, seigneur, vous nous avez fait faire un bien pauvre marché :
vous ne pouviez pas dire au moins qu'ici vous nous donniez
de la marchandise pour notre argent !.... Mais vous étiez
alors bien moins occupé de Vous que de nous ; vous aviez
pressenti d'avance, qu'il vous falloit un homme facile, léger,
dissipateur : vous ne pouviez mieux choisir ! »

Lorsque la révolution éclata, l'esprit de Poirier s'exalta
singulièrement. Déraciner les abus, défendre les faibles, attaquer les grands et les oppresseurs, c'étaient des idées cons-
tantes chez lui.

En Mars 1789, au retour d'un voyage à Marseille, où il
avait passé trois mois, (2) il se mit à écrire sur les besoins
de son pays natal, et en peu de jours, il lança dans le public la brochure (3) dont le titre est ainsi conçu : « Je défends
la loi, la sûreté et la liberté. Idées des Doléances de la ville
de Dunkerque, par M. Poirier, citoyen et avocat de Dunkerque. » Dans ce mémoire, l'auteur signalait 24 articles de
projets de réformes ou d'améliorations. Tout le monde voulut le lire ; il se vit même obligé d'en faire tirer après cor-
rection une seconde édition. (4)

Il s'occupait alors de rédiger, sous la date du 25 Avril :
« Une lettre à MM. les députés des communes de la Flandre
maritime à l'Assemblée nationale, sur la nécessité d'obtenir
immédiatement à Dunkerque l'ouverture des archives, l'ins-
pection des comptes et autres documents des administra-

(1) Voir le Furet indiqué plus bas, p. 36.
(2) Voir Idées des Doléances citées p. 17.
(3) Petit in-4e de 17 pages du 23 Mars 1789.
(4) Grand in-4e du 30 Mars 1789.

tions.... » Son but était de livrer cette lettre à l'impression ; et en effet, il la publia à Lille le 10 Mai (1).

Les « Idées des Doléances » du chaleureux avocat, couraient le monde et l'on en faisait une étude. La municipalité alla jusqu'à en faire éditer des contrefaçons (2). Cette publication valut généralement à l'écrivain de franches sympathies. On imprima même à la date du 15 Mai une lettre d'approbation ; elle avait pour titre : « Lettre à l'auteur des feuilles de Flandre par Bonvallet-Desbrosses, ancien trésorier de la marine et des colonies à la Rochelle (3).

Poirier était sur le point d'éprouver un grand malheur. Sa femme souffrait depuis quelque temps, et la maladie prenant peu à peu un caractère sérieux, il n'y eut bientôt plus d'espoir de guérison. Elle succomba le 27 Mai ! Cet évènement aussi triste qu'inattendu abattit le courage du pauvre survivant, et pendant deux mois, il s'abstint de toute chose étrangère à sa profession. La mort de sa jeune compagne, qui venait de briser prématurément les joies et les illusions de son existence, eut une fâcheuse influence sur son esprit, et les travaux qu'il avait en vue, devaient s'en ressentir longtemps.

Au mois d'Août il se remit à l'œuvre, et le 25, il publia à Dunkerque un « Avis important aux Dunkerquois sur la manière de procéder avec ordre et succès à l'élection de leurs députés aux Etats de la Flandre Maritime, applicable aux autres villes du royaume, par M. Poirier, citoyen patriote et avocat à Dunkerque. » (4)

La franchise dont il fit preuve dans ses divers opuscules n'était rien en comparaison de l'aigreur, de l'irritation que Poirier montra dans une brochure (5) intitulée : « le Furet ou offrande patriotique à la commune de Dunkerque et à toutes celles de la Flandre, » qu'il publia en Janvier 1790, sans

---

(1) Chez Dumortier, in-4° de 19 pages. Il y eut des imprimés sans la signature Poirier, citoyen et avocat.

(2) Le Furet, p. 61.

(3) In-4° de 3 pages, voir les Feuilles de Flandre du 15 Mai 1789.

(4) In-4° de 16 pages avec l'indication : chez Letocart, libraire, Place Royale, et chez les principaux libraires de la Flandre Wallonne et Maritime.

(5) In-8° de 76 pages, sans lieu d'impression.

nom d'auteur, mais sans cacher cependant qui il était (1),
car il avait le courage de son action.

Dans cet écrit, il n'épargne rien de ce qui lui paraît illé-
gal, injuste, abusif; il y dit crûment en face les choses les
plus acerbes, s'acharne à ses ennemis et les dissèque impi-
toyablement. Il en veut surtout à l'intendant de la Province
et aux officiers municipaux de la ville, auteurs de tout le
mal qu'il dénonce à la vindicte publique. Puis après avoir
fait passer, comme dans un panorama, tous ses griefs, les
abus et les déprédations qu'il connaît, il s'écrie en terminant sa brochure :

« Peuples, hommes, citoyens, amis, frères, bons camarades, j'ai rempli, en votre faveur, le devoir que m'imposoit
l'intérêt sacré de la patrie; ma main hardie et citoyenne a
osé la première lever l'appareil imposant et antique sous
lequel étoient recelées des plaies dont vous ignoriez la nature et la profondeur; ces plaies qui vous étoient cachées,
aujourd'hui vous sont connues; j'ai satisfait à cet égard à
mes saintes obligations; j'ai bravé pour mieux vous servir,
ces vaines convenances qui retiennent les hommes timides;
j'ai fait ce qu'un homme peut faire; c'est à vous de faire le
reste » (2).

En cette même année 1790, Poirier transmit au maire et
aux officiers municipaux un grand nombre d'exemplaires de
ses mémoires et de son cahier des doléances. Dans leur ac-
cusé de réception, du 17 Février, ils lui disaient en terminant :
« Nous ne pouvons qu'applaudir au zèle patriotique qui vous
anime et que nous tâcherons d'imiter. » (3) Assurément,
tous n'avaient pas les mêmes vues que le remuant avocat,
et plus d'un lui souriait du bout des lèvres lorsqu'il parlait
de ses projets de réformes.

Une fois lancé dans le tourbillon révolutionnaire, Poirier
ne put plus s'arrêter. D'abord il s'était montré du parti des
plus ardents novateurs; puis, après la publication de son
« Furet », il crut devoir se mettre dans les rangs des novateurs modérés. Il se créa ainsi des ennemis dans les deux
opinions et se vit forcé de quitter Dunkerque où il n'avait

(1) Voir pages 25 et 61 du Furet.
(2) Le Furet, p, 76.
(3) Voir l'Eloge hist. de Jean Bart cité plus bas, p. 110.

plus rien à faire ni comme homme public, ni comme avocat. (1) Il alla habiter Paris.

II.

Quoiqu'il eût à se plaindre de quelques hommes de sa ville natale, Poirier voulut, cependant, donner à ses concitoyens des preuves de son civisme et de sa moralité, et il en adressa des certificats à la municipalité. Le 19 Août 1791 le maire et ses adjoints lui en accusèrent réception. Leur missive (2) contenait ce passage : « Nous tenons les divers certificats que vous nous avez envoyés, à votre disposition, s'ils vous sont nécessaires ; dans le cas contraire, ils resteront en dépôt au greffe, où la postérité pourra voir avec plaisir que les Dunkerquois ont, en tous temps, donné des preuves d'un civisme épuré ».

Ecrire, toujours écrire, était sa passion dominante. En ce même temps, son livre intitulé : « Collection des travaux publics pour le corps social », était à fin d'impression. Le 28 Septembre il en transmit un exemplaire à l'Assemblée nationale, qui décréta qu'une mention honorable en serait faite au procès-verbal ; ce que lui annonça le citoyen Camus, l'un des secrétaires de l'Assemblée (3).

Les félicitations qu'il recevait de toutes parts étaient pour Poirier un puissant levier. Il y puisait des encouragements qui alimentaient le feu sacré de son patriotisme. A l'exemple de Mirabeau, le célèbre orateur que la mort avait moissonné tout récemment (2 Avril), et avec lequel il avait un air frappant de ressemblance pour la figure, il n'attaqua jamais le trône tout en défendant les droits de la nation. Il n'offensa jamais la religion ; il ne prêcha jamais ces idées subversives et contagieuses de socialisme, de communisme, qui devaient prendre plus tard un déplorable développement en France. Il comprenait dans la droiture de son for intérieur, que chacun doit vivre de son travail, et profiter de ses

(1) Lettre de M. J.-J. Carlier, à Paris, à M. De Bertrand, du 10 Février 1858.

(2) Voir l'éloge historique de Jean Bart, p. 112.

(3) Voir l'Eloge historique de Jean Bart, p. 112.

talents et de ses capacités dans la voie légale sans nuire à son prochain ni à la société. En un mot il détestait l'anarchie.

Poirier, sans être un écrivain du premier ordre, n'en avait pas moins de l'érudition. Il connaissait plusieurs langues, cultivait les muses, était dessinateur. Il avait une vaste mémoire, une facilité étonnante de recherche et de travail, une écriture forte et belle. Sa taille élevée, sa figure ronde et grave, sa forte constitution, ses yeux ardents, ses cheveux rejetés du front en arrière, donnaient à sa physionomie quelque chose d'étrange et d'imposant. Sa modération et sa véhémence, selon l'à propos, dans les discussions ou dans les plaidoiries, sa mise soignée, ajoutaient à sa personne quelque chose qui tenait du prestige.

Les tribulations de la vie devaient surgir inévitablement autour de lui. Des généreuses aspirations de la révolution de 1789 à la proclamation de la République (22 Septembre 1792) ; de cette subversive époque à l'assassinat juridique de l'infortuné Louis XVI (21 Janvier 1793), puis de là au règne de la terreur, il n'y eut plus que quelques pas à franchir, et l'on en vint aux derniers excès de la barbarie étonnamment vite. Robespierre gouvernait la France avec l'atrocité d'un tyran, la cruauté d'un bourreau. Joseph Lebon, natif comme lui d'Arras, était une de ses plus fougueuses créatures. On l'envoya dans sa ville natale, afin de dissiper un rassemblement de prétendus patriotes qui s'y étaient rendus pour établir une ligue sous le titre de Société Populaire Centrale des trois départements du Nord, de la Somme et du Pas-de-Calais. (1)

Sur ces entrefaites, Poirier qui avait quitté Paris, fut arrêté et écroué à Arras comme suspect au mois de Juillet 1793 dans la prison des Orphelines. (2)

Lebon arriva à Arras en Janvier 1794 et fut spécialement chargé de tout ce qui pouvait être relatif à la commune: c'était l'objet de la convoitise du sanguinaire proconsul. En vingt-quatre heures toutes les prisons de la ville, depuis le grenier jusqu'à la cave, regorgèrent d'innocentes victi-

(1) Les Angoisses de la mort, etc., citées ci-après, p. 8.
(2) Mon nec plus ultra cité plus bas, p. 17.

mes (1). Loin d'obtenir son élargissement, Poirier fut tenu dans la plus étroite captivité.

Au commencement de Février on le fit passer à la maison d'arrêt l'Abbatiale, et à la fin du mois de Mars on le transféra à l'Hôtel-Dieu. Là, pendant quatre mois, l'instrument de mort se trouvait suspendu sur la tête du malheureux Dunkerquois ; tous les jours il s'attendait à être appelé pour marcher à l'échafaud (2).

Dans l'intervalle, Lebon aurait bien voulu se rendre à Dunkerque ou se saisir de l'affaire de ceux qui y étaient détenus et au nombre desquels on comptait l'ex-maire Emmery et d'autres honorables citoyens, mais on l'en détourna. (3)

Les horreurs que commettait Lebon à Arras et à Cambrai, firent porter contre lui une dénonciation comme ayant outré le système révolutionnaire (9 Juillet). Grace à cet évènement, les exécutions cessèrent dans les deux villes, et Poirier ne dut ensuite son salut qu'au rappel du proconsul à Paris, qui précéda de quelques jours la journée du 9 Thermidor suivie le lendemain, 29 Juillet, de l'exécution de Robespierre.

Depuis quelque temps, Poirier et son ami Montgey, ancien avocat à Dunkerque, qui partageait sa captivité, travaillaient à un livre ayant pour titre: « Les Angoisses de la mort ou Idées des horreurs des prisons d'Arras (4). Le 2 Août (15 Thermidor), ils le livrèrent à l'impression. Il y eut en cela du courage de leur part, en ce moment où ils étaient encore dans les fers ; il y eut même quelque chose de providentiel dans cette circonstance pour les deux captifs : ce fut l'arrestation de Lebon et sa mise en jugement devant la Convention nationale le 11 du même mois.

Dès lors il n'y eut plus qu'une question de simple formalité pour eux, et le 10 Septembre ils furent élargis après quatorze mois de détention (5), à l'arrivée du représentant

(1) Page 10 des Angoisses de la mort.
(2) Même ouvrage, p. 2.
(3) Accusation de Terrorisme et d'oppression, etc., par le citoyen Alexis Foissey, brochure in-8°, Dunkerque, Drouillard, Février 1795.
(4) Brochure in-8° de 52 pages, sans lieu d'impression.
(5) Voir Mon nec plus ultra cité plus bas, p. 2, 11 et 22.

Florent Guyot, le même qui avait fait sortir de prison à Dunkerque MM. Emmery, Maurin et De Baecque. (1)

III.

« Les Angoisses de la Mort » obtinrent un rare succès, et les auteurs, pour satisfaire aux demandes qui leur étaient faites, se virent obligés d'en publier une seconde édition. (2) Il y eut même à ce sujet quelque chose de flatteur pour Poirier et Montgey: on réimprima leur brochure quatre fois en un temps très rapproché. Paris et toute la France en étaient inondés. (3)

En ce moment là ils s'occupaient d'un autre travail qu'ils livrèrent à la publicité le 27 Décembre 1794, après leur retour à Paris. Il était intitulé : « Atrocités commises envers les citoyennes ci-devant détenues dans la maison d'arrêt dite la Providence, à Arras, par Joseph Lebon et ses adhérents, pour servir de suite aux Angoisses de la mort ou Idées des horreurs des prisons d'Arras, » (4) avec cette indication: par les citoyens Montgey et Poirier, de Dunkerque », tandis que l'autre était signé simplement « Poirier et Montgey ».

Cinq mois après (15 Mai 1795), parurent: « Les Formes Acerbes », gravure (5) dont la composition était due à l'inspiration de Poirier. Elle avait trait aux atrocités commises par Joseph Lebon et fut offerte par le citoyen dunkerquois au Lycée des Arts à Paris le 8 Juin. Le titre faisait allusion aux paroles du citoyen Barrère, membre de la Convention nationale, qui avait défendu Lebon au mois d'Août précédent lors de son arrestation. Il avait dit que, si celui-ci avait outré le système révolutionnaire, il avait sauvé Cambrai près de tomber au pouvoir des armées coalisées, en convenant néanmoins qu'il avait employé dans sa mission « des formes trop acerbes. »

(1) Accusation de Terrorisme citée p. 14 et 15.
(2) Voir p. 52, des atrocités commises envers les citoyennes, etc.
(3) Page 7 de Mon nec plus ultra, etc.
(4) Brochure in-8° de 64 pages. Paris.
(5) Paris. Delorme, quai de Sèvres.

Poirier publia ensuite « l'Adresse au Lycée des Arts concernant la gravure des formes acerbes. » (1)

La gravure et les trois derniers opuscules furent adressés à la Convention nationale et dessillèrent les yeux de ses membres sur la conduite infâme qu'avait tenue le sanguinaire Lebon dans le Nord de la France. Ils attirèrent l'attention du public; l'exemple se propagea, et d'autres dénonciations ne tardèrent pas à se produire. Une foule d'adresses partirent d'Arras, de Cambrai, de Saint-Omer et d'une infinité d'autres localités des départements du Nord et du Pas-de-Calais, pour demander le jugement du grand coupable (2).

Poirier publia aussitôt : « Le dernier gémissement de l'humanité, contre Joseph Lebon et ses complices » (3), et le transmit à l'Assemblée Nationale le 30 Juin (12 Messidor). Cette publication fut suivie, le 8 Juillet, de : « Mon nec plus ultra, ou le dernier coup de massue en réponse aux impostures que Joseph Lebon s'est permises, etc., par l'auteur de la gravure des Formes acerbes » (4).

C'était effectivement le dernier coup de massue !

Les plaintes étaient tellement graves et écrasantes, que Lebon fut décrété d'accusation le 10 du même mois de Juillet. A l'instant même, Poirier prend la plume et compose : « Arras et Cambrai vengés, dédié à l'humanité » (5), et le 13 la chanson est chantée sur les théâtres de Paris. Le 17, la Convention nationale signe l'acte d'accusation et renvoie Lebon devant le tribunal criminel d'Amiens; le 7 Août, il y est écroué à la conciergerie (6).

Le procès devait avoir lieu à Arras ; mais dans la crainte d'une commotion populaire, il fut renvoyé au chef-lieu du département de la Somme.

Déjà Poirier, qui ne s'attendait pas à ce changement de juridiction, avait fait le dépôt au greffe du tribunal criminel

---

(1) Paris, Maret, an III de la République.

(2) Voir Mon nec plus ultra, etc., p. 7.

(3) Brochure. Paris, Maret, an III.

(4) Brochure in-8° de 22 pages, Paris, Messidor, 3e année.

(5) Imprimée à Paris le 25 messidor an III.

(6) Histoire de la ville d'Amiens par M. Dusevel, tome 2, 1832.

d'Arras, d'un dossier contenant les « Exceptions proposées par lui avant d'être entendu comme témoin dans le procès, avec les pièces justificatives à l'appui. » (1)

Poirier avait pris le soin de faire passer successivement toutes ses productions à Joseph Lebon. Dans « Mon nec plus ultra » il lui dit pourquoi il a publié sa gravure « les Formes acerbes ». Après avoir rappelé ce qu'il avait dévoilé dans « les Angoisses de la mort » et les « Atrocités commises envers les citoyennes... à Arras », il s'explique ainsi :

« Ce n'était pas assez d'avoir parlé contre toi à l'esprit, au cœur ; il fallait qu'un objet d'horreur, d'éternelle horreur, tel que l'enfer t'a vomi de son sein, restât à jamais sous les yeux, effrayât à jamais la postérité qui reculera de terreur : c'est ce que j'ai tenté d'exprimer de toutes mes forces, de buriner dans ma gravure que j'ai publiée le 24 Floréal dernier ; je te l'ai adressée à Meaux. C'était le miroir ardent de la vérité que je te présentais et dont j'aspirais à te brûler les yeux ; j'ai gravé, si l'on peut parler ainsi, à l'eau forte tes traits hideux pour offrir une immortelle leçon et épouvanter quiconque tendrait à t'imiter. » (2)

Jamais Poirier ne s'était montré aussi hardi. Il jouait gros jeu, car enfin Lebon n'était pas jugé : celui-ci pouvait encore recouvrer sa liberté et se venger. Il lui disait aussi :

« Je te porte le défi le plus formel de détruire aucun de tes crimes que la commission a sommairiés dans son rapport, et de dénier le moindre des faits énoncés dans ma dernière production intitulée : « Le dernier gémissement de l'humanité ». En vain diras-tu que tu avais des ordres : des ordres ! Et que sont des ordres qui prescrivent la scélératesse ?.... C'est toi qui a transgressé toutes les lois divines et humaines ; c'est toi qui a cédé à ton impulsion barbare, en autorisant le brigandage, en égorgeant des hommes, tes concitoyens ; que m'importent à moi des ordres ! Il me suffit de prouver que tu as outragé la justice, l'ordre social, l'humanité, l'humanité qui elle-même met la main à la hache vengeresse pour l'appesantir sur ta tête coupable.... La miséricorde tend les bras aux citoyens égarés ; mais pour toi tous les cris unanimes demandent que ton échafaud se dresse

(1) Imprimées à Paris en l'an IV. Maret, etc.
(2) Page 3 de Mon nec plus ultra.

et cela au plus tôt... Enfin, cette heure si attendue, si désirée de tous les honnêtes gens, l'heure de ta mort sonne ! Point de grace, point de retardement ; marche au supplice, à travers la foule des ombres de tant de victimes que tu as immolées à ta barbarie ! Vois-les s'élever successivement de la terre, vois-les t'entourer ; elles font retentir à ton oreille leurs longs gémissements. » (1)

Plus loin il ajoutait : « Scélérat, quelque ardente que doive être la vengeance qui te poursuit, elle fera elle-même des vœux pour qu'un repentir salutaire entre dans ton ame, à ton dernier moment ! Tu vas la reconnaître, cette justice éternelle prête à prononcer ton arrêt : tremble ! les châtiments que celle-là inflige, n'auront jamais de fin. » (2)

Puis s'adressant aux citoyens d'Arras et de Cambrai, il leur dit : « Je crois avoir fait éclater des preuves non équivoques de ma franchise et de mon courage... Il y a près d'un an que je m'appuie de toutes les forces que la nature m'a données, pour combattre à mort l'exterminateur de vos contrées ; j'ai même cherché à le terrasser.... Eh ! Français ! la postérité le croira-t-elle qu'il n'y a que moi, moi seul qui ai secoué le flambeau vengeur sur le scélérat. Aucun de vous ne s'est montré, n'a exposé sa vie, n'a offert de s'immoler... » (3)

Lebon, l'atroce Lebon fut condamné à mort le 5 Octobre (4) et exécuté à Amiens le 14.

La chanson de Poirier « Arras et Cambrai vengés » courut les rues ; et le 11 Messidor de l'an IV (29 Juin 1796), elle fut insérée dans le journal de Drouillard (5) de Dunkerque.

En 1797, il y eut un fait qui vint flatter l'amour-propre de Poirier. On imprima ses « Angoisses de la mort, etc., » à la suite de la « Lanterne Magique, ou les Grands Conseillers de Joseph Lebon, représentés tels qu'ils sont ». (6)

Plusieurs personnes attribuèrent « la Lanterne Magique, »

(1) Pages 9 et 10 de Mon nec plus ultra.
(2) Page 11 du même ouvrage.
(3) Id.   id.   id.
(4) 13 Vendémiaire l'an IV.
(5) N° 53 de la première série des annonces et avis divers.
(6) Paris, in-12 de 128 pages.

écrit en vers et en prose, à Poirier et à Montgey ; mais le style en est si mauvais et si différent de leur manière que d'autres ont dénié cette assertion.

IV.

La révolution française était à son déclin ; Napoléon Bonaparte, à son aurore. Peu à peu, la France entra dans la voie de l'ordre et de la tranquillité publique.

Poirier exerçait à Paris sa profession d'avocat. Son activité le fit connaître et la chance lui sourit. Il eut le bonheur de renouveler la connaissance d'un Dunkerquois fort influent, M. François Devinck, ancien négociant, qui l'accueillit cordialement et le recommanda à ses amis. On dit même que le patronage de M. Devinck ne lui fut pas inutile près de Cambacérès, le savant jurisconsulte, auteur du projet du code civil, que M. Devinck avait l'honneur de voir quelquefois.

Assidu à son affaire, toujours grave et réfléchi, Poirier acquit promptement une certaine réputation d'habileté. Homme d'étude et d'une aptitude non douteuse, il fut reçu membre de l'Académie de législation. (1) Grand admirateur de Napoléon, alors premier consul, Poirier publia une gravure au trait représentant la gloire des armées françaises en Europe et la paix conquise par Bonaparte le 1er Juillet 1800. (2)

Cette œuvre popularisa le nom de l'auteur et le mit en relief. Elle lui valut l'honneur d'être élu membre de l'Athénée des Arts, (3) société savante reconnue par le gouvernement et dont les séances se tenaient à l'hôtel de ville de Paris.

L'écrivain dunkerquois avait sans cesse la plume à la main, et, malgré son éloignement, il n'oublia jamais son pays.

Le 13 Septembre 1801, il faisait paraître « le Dix-huit Brumaire (9 Novembre 1799) opposé au système de la Ter-

---

(1) Voir le grand titre de l'éloge hist. de Jean Bart.

(2) Biographie [dunkerquoise in-18, imprimée à Dunkerque en 1827, page 74.

(3) Même éloge historique et même biographie.

reur » (1). Puis le 21 Octobre, il faisait insérer dans le Journal des Débats, une lettre par laquelle il réclamait l'attention du gouvernement, et invoquait le génie des beaux-arts en faveur de Jean Bart, son illustre compatriote; en un mot il reprochait l'absence du buste de ce héros, dans la galerie nationale à côté de celui de Duguay-Trouin, son rival de gloire. (2) Le 24 Novembre, il consignait dans le « Publiciste » ses « Idées sur l'ancienne splendeur de Dunkerque, de son commerce, de ses braves marins et de ses armateurs. » (3) Le 4 Janvier 1802, le Journal des Annonces et Avis divers de Dunkerque, (4) reproduisait l'article du publiciste que l'auteur signait Poirier, de Dunkerque, jurisconsulte.

En 1789, Poirier rêvait déjà pour sa ville natale une statue du grand marin dunkerquois. Il s'écriait (5) : « Elevez-y, mes chers concitoyens, la statue de ce noble guerrier, afin que son image inspire aux héritiers de ses vertus et de sa valeur, le courage dont il était animé pour le service de son Roi et de sa patrie ». En 1791 il traitait le même sujet. En 1801 il disait encore : « La France s'est acquittée à l'égard de Duguay-Trouin ; sa statue, son buste, l'ont placé au rang de ses héros. Tout porte à croire qu'elle s'acquittera de même envers Jean Bart, lui qui, dans toutes les époques de sa vie, n'a pas moins bien mérité de la France entière et de la postérité » (6).

Le gouvernement prit acte des réclamations de l'infatigable Dunkerquois, et vers la fin du mois d'Octobre 1801, « il fit autoriser le maire de Dunkerque à expédier à M. Frédéric Lemot, statuaire à Paris, le portrait du héros, afin que le marbre qu'il allait ciseler offrît plus de ressemblance » (7). L'affaire éprouva quelque retard ; enfin, le 13 Décembre 1802, le ministre Chaptal écrivit à M. Lemot la dépêche sui-

(1) Brochure, Paris.

(2) Eloge hist. de Jean Bart, p. 113.

(3) Même ouvrage, page 118.

(4) N° 479, p. 5 à 8, 14 nivôse an X.

(5) Idées des Doléances citées, p. 8.

(6) Eloge historique de Jean Bart cité, p. 117.

(7) Annonces et Avis divers, journal de Drouillard, du 7 Brumaire an X, n° 459.

vante: « Je vous ai désigné pour exécuter en marbre le buste du célèbre Jean Bart, destiné à orner la galerie des Consuls. Je vous invite à vous occuper sans délai de ce travail, que je confie avec plaisir à votre savant et précieux ciseau » (1).

L'année suivante, sur la demande réitérée de Poirier, M. Emmery, maire de Dunkerque, écrivit au ministre de l'intérieur que Dunkerque sollicitait le buste de Jean Bart avec un piédestal où seraient gravés ses combats, et dont l'exécution serait confiée au sculpteur Lemot. « Ce buste, ajoutait-il, sera élevé au milieu de nos places publiques. Là, les marins verront le héros qui, par ses hauts-faits, illustra notre marine » (2).

Poirier n'épargna rien pour arriver à son but : démarches, sollicitations, correspondance, tout fut mis par lui en œuvre. Enfin il réussit. Le premier consul Bonaparte, par son arrêté du 14 Octobre 1803, accorda à la ville de Dunkerque le buste en marbre de Jean Bart (3), et quelque temps après M. François Devinck et Poirier furent nommés commissaires députés du gouvernement pour l'hommage et l'inauguration du buste. (4)

Lorsque Poirier eut obtenu la gloire de faire placer le buste du héros Dunkerquois dans la galerie des Consuls, il eut la pensée de publier les exploits de son illustre concitoyen. En 1804, il en soumit le manuscrit à Mgr Portalis, ministre des Cultes, alors ministre de l'Intérieur par intérim ; et le 6 Octobre, son Excellence lui écrivit la lettre la plus aimable et la plus encourageante. (5)

Sous l'impression de son bonheur, il annonce quelques jours après, avec un certain enthousiasme à la mairie de Dunkerque, la fin de l'œuvre du statuaire, et l'abandon qu'il fait lui-même au profit des marins invalides de Dunkerque ou de leurs veuves et enfants indigents, du produit de la vente de son « Eloge historique de Jean Bart. » Il ajoute qu'il a chargé M. Pougens, membre de l'institut impérial et impri-

(1) Eloge historique cité, p. 118.
(2)   Idem,   p. 125.
(3) Eloge cité p. 127.
(4) Archives de la Mairie de Dunkerque.
(5) Eloge historique cité p. IX.

meur à Paris, de recueillir les souscriptions pour l'impression. (1) Enfin le 31 du même mois, M. Devinck et lui écri-
vent à la mairie pour annoncer l'envoi des caisses contenant
le buste de Jean Bart et le cippe en granit destinés à la ville
de Dunkerque. (2) Ce cippe, il l'avait obtenu de la généro-
sité de MM. Declerck père et fils, de Dunkerque, dont l'un
habitait Paris et l'autre Bordeaux. (3)

Une année s'écoule et au commencement de 1806, Poirier concourt encore avec M. Devinck à faire allouer à la
ville par l'Etat une somme de 3000 francs pour fêter l'inauguration du buste de Jean Bart et célébrer le rétablissement
du culte et le jour anniversaire de la naissance de l'Empereur. (4)

Tant de zèle et de sentiments généreux devaient rester
sans récompense! La ville n'avait plus pour maire M. Emmery, qui était à Paris comme membre du Corps législatif,
et son successeur, M. Kenny, ne se souciait pas de payer la
dette de reconnaissance pour laquelle il n'y a jamais de pres-
cription! La ville possédait ce qu'elle avait désiré : c'était
tout ce qu'il fallait pour la nouvelle administration, qui se
tenait dans la plus froide indifférence pour le reste.

La fête de l'inauguration est fixée au 15 Août. Aucun aver-
tissement, aucune invitation n'est donnée à Poirier, qui, cependant, avait été délégué par le gouvernement pour être
présent à la cérémonie (5).

La fête a lieu. Des discours se prononcent sur la place
l'Egalité (6), où le buste de Jean Bart est déposé, et le procès-
verbal en est dressé, sans que le nom de Poirier, le seul
grand moteur dans cette affaire, soit écrit ni prononcé nulle
part! (7)

Plusieurs mois se passent même sans qu'aucun adminis-

(1) Archives de la Mairie de Dunkerque.
(2) Archives de la Mairie de Dunkerque.
(3) Eloge historique de Jean Bart, p. XI.
(4) Archives de la Mairie de Dunkerque.
(5) Archives de la mairie de Dunkerque.
(6)   Id.   Id.
(7) Ce buste est placé maintenant dans la salle d'attente de l'hôtel
de la mairie.

trateur pense à lui adresser quelques paroles de gratitude et de sympathie!

Ce silence qu'il ne sait comment interprêter, réveille sa susceptibilité. Le 4 Octobre 1806, après la lecture de son « Eloge historique de Jean Bart » que l'on entend dans une réunion à Paris avec autant d'intérêt que de satisfaction (1), il ne sait que répondre quand on lui parle de la fête célébrée à Dunkerque.

Justement irrité du mauvais procédé dont il est l'objet, Poirier transmet le 28 une missive sous forme de pétition au maire et aux adjoints de la ville de Dunkerque, en leur adressant plusieurs documents authentiques qui le concernent. Il se plaint de n'avoir reçu aucune nouvelle ni de témoignage de reconnaissance de leur part. Il se flatte qu'à l'exemple de leurs prédécesseurs, ils n'auront pas négligé de l'honorer d'une mention dans les actes de la mairie en souvenir de tout ce qu'il avait fait en faveur de sa ville (2).

Sa lettre, conçue dans les termes les plus polis, méritait une réponse analogue. Il n'en fut rien! La lettre du maire fut sèche et outrageante. Voici quelle en était la teneur textuelle :

Ce 8 Novembre 1806.

« Monsieur. J'ai reçu votre pétition du 28 Octobre dernier, dans laquelle vous réclamez une mention historique dans le procès-verbal de l'inauguration du buste de Jean Bart, parce que c'est vous, dites-vous, en mémoire et reconnaissance de vos mouvements généreux et de vos écritures que S. M. I. et R. a accordé 1° l'admission du premier buste de cet immortel marin dans la galerie des grands hommes, et 2° le don d'un deuxième buste à la ville de Dunkerque. Il est possible, Monsieur, que vous vous soyez donné généreusement des mouvements, et que vous ayez écrit pour fixer l'attention du gouvernement sur l'oubli dans lequel on laissait la mémoire d'un des plus célèbres marins français ; mais en faisant l'inauguration de son buste qui a été donné à cette ville par S. M. comme témoignage de sa satisfaction du dévouement que les habitants de Dunkerque ont montré pour son auguste personne, dans le voyage

(1) Eloge historique de Jean Bart, p. 46.
(2) Archives de la Mairie.

qu'elle y a fait en l'an XI (1), et auquel elle a daigné joindre le don de son portrait; il eût été très déplacé d'attribuer cette faveur distinguée à vos démarches et à vos écrits. Signé : J. Kenny, maire » (2).

La missive du magistrat fut accablante pour le destinataire. Il en ressentit le plus profond chagrin ; mais comme, en définitive, elle n'était pas ce qu'elle devait être, c'est-à-dire vrais et équitable, le malheureux Poirier comprit qu'elle ne pouvait détruire les faits accomplis publiquement par son entremise et qu'elle devenait un acte d'accusation contre l'autorité municipale qui avait manqué de tact et de justice.

Le fait était que le portrait seul de l'Empereur avait été donné à la ville comme un témoignage de satisfaction de Sa Majesté. Le don du buste était le résultat des sollicitations de Poirier et de l'honorable M. Emmery, et peut-être aussi de M. Dequeux de Saint-Hilaire, ancien maire de Dunkerque, alors sous-préfet à Hazebrouck (3). L'idée seule en appartenait à Poirier.

Il n'est pas d'éternelles douleurs. Dieu envoie quelquefois à l'homme des consolations quand il s'y attend le moins. Dans sa position Poirier en était bien digne : il s'occupait sans cesse des intérêts de sa ville natale et de ce qui pouvait la glorifier. La réponse inattendue du ministre de la Marine et des Colonies, auquel il avait offert la dédicace de son livre, ouvrage qu'il avait refondu et considérablement augmenté depuis deux ans, vint verser dans son cœur la joie et le courage. Le ministre disait à la date du 21 Octobre : « Monsieur.... Jean Bart, en s'élevant par ses glorieux exploits des derniers rangs aux premiers grades de la flotte, a laissé aux hommes de mer un souvenir et des exemples

(1) 13, 14 et 15 Messidor an XI, 2, 3 et 4 Juillet 1803.

(2) La copie de la lettre est consignée n° 1147 du registre de correspondance, n° 15, D 5, de la mairie de Dunkerque.

(3) Une notice nécrologique sur M. le Marquis Dequeux de Saint-Hilaire, imprimée à Paris en 1855, fait erreur en avançant que celui-ci « obtint du célèbre sculpteur Lemot, le buste en marbre blanc de Jean Bart, dont la ville n'avait pas même le portrait. » M. le Marquis concourut probablement à l'obtenir non pas de Lemot, mais de Napoléon.

trop précieux pour que je n'accueille pas avec un grand intérêt son éloge et son panégyriste. Signé : Decrés. » (1)

Poirier publia son livre en 1807, sous ce titre : « Eloge
historique de Jean Bart, chef d'escadre des armées navales
de France, chevalier de l'ordre royal et militaire de S. Louis,
relatif à la collection des dix-neuf combats de ce célèbre marin, gravés par M. Le Gouaz ; suivi de notes historiques, biographiques et topographiques sur l'origine de Dunkerque et
l'importance de son port considéré sous le point de vue po-
litique » (2).

L'accueil que reçut l'ouvrage fit oublier momentanément
à l'historien le chagrin qu'il avait au cœur. Les compliments,
les félicitations, les lettres pleines de sympathie, les encouragements de leurs Excellences les Ministres de la marine, de
l'intérieur et de l'instruction publique, qui avaient souscrit
pour 1200 exemplaires (3), ne lui firent pas défaut. Son
livre lui acquit une réputation littéraire : il satisfaisait le goût
de l'époque, qui tenait à voir régénérer la mémoire des hommes illustres de la France. Au reste, le livre n'est pas sans
intérêt ; il contient des détails de toute nature, dont quelques-
uns ont été puisés dans Faulconnier (4), et beaucoup d'autres sont inédits.

Aujourd'hui que l'on est devenu plus exigeant en fait de
travaux historiques depuis ce temps déjà loin de nous, on
a reproché à l'auteur trop d'amplifications dans le style.
Mais cela n'était-il pas pardonnable à l'écrivain, quand il
ne rêvait que Jean Bart et la gloire de son pays ? Il faut cependant l'avouer : l'exagération est un peu dans son caractère
et tous ses écrits s'en ressentent. En général, il manque de
simplicité et sa phrase n'est pas toujours correcte ; mais il
a parfois de beaux mouvements. Parmi les nombreux exemples que nous pourrions signaler, nous ne citerons que celui-ci. L'auteur donne la description du buste de Jean Bart.
Il dit :

(1) Eloge hist. de Jean Bart, p. vij.

(2) Le tirage se fit sous deux formats : il y eut des exemplaires
in-8°, et d'autres in-4°.

(3) Voir l'éloge historique de Jean Bart, p. IX, et surtout la lettre
de Poirier aux archives de la mairie de Dunkerque

(4) Description historique de Dunkerque, par Faulconnier. Bruges.
1730.

« En voyant cette tête pleine de feu et d'action, on croit voir la statue entière de ce héros, représenté sur son bord dans le moment où il livre aux ennemis de la France un de ces combats terribles où son intrépide audace fixait toujours la victoire.... Le vent paraît agiter avec force ses cheveux et sa cravate. Cette tête, fière et impassible à ce mouvement violent qui l'environne, semble un chêne majestueux dont la cîme battue par l'orage défie la tempête.... On trouve dans ses traits cet inflexible courage, ce sang-froid dans les plus grands dangers, ce coup-d'œil prompt et sûr qui distinguait cet homme extraordinaire » (1).

Dans le temps où Poirier venait d'essuyer l'affront sanglant de l'édile dunkerquois, il publiait à Paris deux gravures au burin représentant le buste de l'illustre chef d'escadre. Puis, quand au mois de novembre 1807, son livre fut imprimé, il fit exécuter un nouveau tirage des gravures qu'il joignit à son Eloge historique. »

Sans contredit cet ouvrage est la meilleure production de l'auteur.

V.

En 1807, Poirier était dans la période la plus belle de sa vie; et, à part le petit désagrément qui lui était venu de Dunkerque, il avait été l'homme le plus parfaitement heureux de la terre. Il avait des amis et des protecteurs au pouvoir, et des relations intimes avec les personnes les plus éminentes de la capitale. Les titres de membre de l'Athénée des Arts et de l'Académie de législation le faisaient admettre dans les salons de ses confrères. Il se maintenait là avec autant de succès que dans le monde de robe où il avait été introduit autrefois.

Ce n'était plus le modeste défenseur des intérêts de sa ville natale au début de sa carrière !

Comme avocat, il avait une nombreuse clientèle et l'on faisait antichambre chez lui. Il recevait très souvent le monde en robe rouge, en hermine et en toque. On raconte même qu'il lui arrivait quelquefois d'aller au palais dans ce grand attirail.

(1) Eloge hist. cité, p. X.

Son talent était connu. Il ne plaidait pas seulement à Paris, mais on l'appelait en province. Cette vie là n'était pas sans agrément : elle lui offrait des distractions et des amusements qu'il aurait vainement cherchés dans la capitale ou dans ses environs. Il reste même un souvenir d'une de ses excursions au loin : à la fin de 1802, il se rendit pour affaires à Bourges et à Nevers. Il y reçut toutes sortes de politesses, et un jour il fut si enchanté d'une amusante partie de chasse au chevreuil à laquelle il avait assisté, et qui, pour lui, avait le charme de la nouveauté, que, sous l'impression de l'enthousiasme, il en écrivit, à l'un de ses amis de Paris, une lettre de trois pages pleine de détails les plus piquants (1).

Sa maison était admirablement tenue et il jouissait de tout le confortable possible : son mobilier ne laissait rien à désirer ; son cabinet était orné de plans et de cartes de Dunkerque et de ses environs ; de son portrait gravé en forme de médaillon, et de plusieurs portraits de Jean Bart, dont deux émanaient de lui.

La fortune le favorisa jusqu'en 1810. Alors il s'aperçut que son train de vie lui coûtait cher, et que tout le faste dont il faisait parade le conduirait infailliblement à sa ruine. Il restreignit un peu ses dépenses, ses plaisirs ; mais il était trop tard : son étoile pâlissait ! Les clients, les amis s'éclipsèrent insensiblement, et il vint un jour où l'avocat Poirier tomba dans l'isolement.

En présence de ses premiers embarras financiers, il eut certes quelques regrets à exprimer et des reproches à se faire ; mais, à son éloge, ces regrets ne se rattachaient pas au dérèglement des mœurs ni à l'intempérance, car il n'y avait pas d'homme d'une conduite plus sage et d'une vie plus frugale.

Dans les derniers temps, il ne manquait ni de clients ni d'affaires ; mais tout cela s'amoindrissait quoiqu'il eût toujours la même volonté et le même courage. Le 10 avril 1810, il prêta encore serment en qualité d'avocat à la cour

---

(1) « Cette pièce, petit-4°, était bien remplie et d'une charmante petite écriture très lisible. Elle fut vendue à Paris, en 1854, dans un lot de dix lettres de jurisconsultes et de légistes. » En nous donnant ces détails, par lettre du 7 Février 1858, M. J.-J. Carlier, à Paris, ajoutait : « Je suis bien au regret de n'avoir pu assister à la séance où ce lot fut vendu ; je l'aurais certainement acheté ».

d'appel de Paris (1). Par malheur, le vent de l'infortune
soufflait sur lui. Ses ressources diminuaient de jour en jour
et le besoin se fit sentir.

Dans ces entrefaites, il apprit la mort (21 Septembre) de
M. Pierre-Gabriel Fieffé Montgey, avocat à Dunkerque, respectable vieillard de 71 ans, son ancien compagnon de captivité dans les prisons d'Arras. Il crut le moment opportun
pour effectuer son retour au pays natal; il fit ses malles et
quitta Paris.

M. Montgey était natif de Calais. A la Révolution, il avait
quitté Dunkerque, où il était avocat depuis quelques années.
En 1802, il y était revenu. Accueilli avec les mêmes sympathies qu'autrefois, il y resta volontiers en exerçant jusqu'à
sa mort son honorable profession.

VI.

Poirier arriva à Dunkerque à la fin de 1810.

Il se lia avec M. Isidore Lavoisier, son collègue, l'ancien
ami de M. Montgey. Cette connaissance lui valut quelques
causes; puis peu à peu il obtint la confiance du public. Il débuta par une affaire intéressant une demoiselle Caroline
Brown, dont il fut nommé curateur à l'émancipation, au mois
de Mars 1811 (2).

Il conserva la vogue pendant près de deux années; mais
il eut le 13 Février 1813 une affaire tellement désagréable
qu'il en éprouva un préjudice notable. L'année suivante, il
n'exerçait plus que comme avocat consultant. Au reste,
Poirier comptait 60 ans; il n'avait plus assez de voix pour
plaider au barreau ni assez de vigilance et d'aptitude pour un
travail continu. On s'en aperçut. Les bons clients l'aban-
donnèrent dans l'intérêt de leurs affaires, en regrettant peut-
être l'homme du monde et le savant jurisconsulte.

Malheureusement le vieux praticien était sans fortune, et

(1) Actes, nos 233 et 263 de 1811, de l'ancienne étude de Me Do-
meyer, notaire à Dunkerque.

(2) Acte n° 267 de 1811, de la même étude de Me De Meyer, notaire à Dunkerque.

il n'avait pas d'enfants ni de parents qui pussent le secourir et le consoler !

Pendant quelque temps il sut cacher son chagrin et sa pénurie d'argent. Enfin ses dernières ressources disparurent. Réduit à l'extrémité, il avoua sa gêne à de rares amis qu'il avait conservés, et l'on eut pour lui une certaine considération. Toutefois, un secours souvent répété devient une charge, et l'on finit par se refroidir à son égard.

Abandonné de tous comme un misérable paria, le vieil avocat alla se recommander un jour à la bienveillance d'un homme très estimé, le digne M. Pierre Liebaert, aîné, juge-de-paix, qui lui avait témoigné sans cesse une franche et sincère affection.

L'honorable magistrat fit instantanément une démarche près de l'autorité à la sollicitation du pauvre dunkerquois. Il réussit, et le 20 août 1817, l'infortuné Poirier entra comme malade à l'hospice Saint-Julien, dans cette même rue des Vieux-Quartiers où il était né peut-être, et où ses parents et lui avaient demeuré si longtemps, entourés de la considération publique.

On pouvait espérer que, dans le calme et le repos de la maison hospitalière, le malade aurait recouvré la santé. Il n'en fut rien. Tous les soins des surveillantes et la science des médecins, restèrent impuissants, et cet homme naguère si robuste, s'affaissa tout-à-fait.

Le 21 mars 1848, une bière que ne suivait aucun ami, sortait silencieusement de l'hospice à sept heures du matin, emportant à son dernier asile le corps de l'avocat Poirier qui était mort le 18, à l'âge de 64 ans et 4 mois !

RAYMOND DE BERTRAND.

Typ. Benj. Kien.